Las armas de fuego son una gran parte de nuestra cultura y deberías aprender más sobre ellas. Esta guía es para principiantes que quieren saber lo que necesitan saber sobre las armas de fuego.

Prologo

No es posible poner todas las armas existentes en el mundo en un libro, serían necesarios varios volúmenes bastante grandes para documentar bien y con exactitud y precisión esta grandísima variedad.

Esta es una guía con lo que son mis armas favoritas, he sido militar y soy gran aficionada a las armas de todo tipo, sobre todo de revolver. Espero te sea de utilidad y te guste este libro. No obstante he prescindido de crear capítulos, pues los revólveres están escritos en orden alfabético.

El Cetme C es un rifle fabricado en Francia por la empresa Fabrique Nationale Herstal. Se ha utilizado en muchos países y ha sido utilizado por muchos militares en todo el mundo. El Cetme C tiene una configuración bullpup. Es decir, la acción y el cargador están ubicados detrás del gatillo, que luego sobresale de la parte posterior del arma. Este diseño ofrece una longitud reducida para el transporte y la manipulación sin sacrificar precisión ni potencia de fuego. Utiliza munición estándar de 5,56 mm con especificaciones de la OTAN y se puede disparar de forma automática o manual a cerrojo abierto. El fusil Cetme ha demostrado ser fiable tanto en entornos de combate como de entrenamiento a pesar de su alto índice de error balístico. El Cetme C puede tener cámaras en 5.56 OTAN o 7.62 OTAN, a discreción del usuario.

RIFLES Y AMETRALLADORAS EN GENERAL

El Cetme L es un rifle semiautomático con un cargador interno que puede contener 30 rondas. Tiene un riel Picatinny en la parte superior del receptor para agregar ópticas y otros accesorios. El Cetme L es un rifle semiautomático con un cargador interno que puede contener 30 rondas. Tiene un riel Picatinny en la parte superior del receptor para agregar ópticas y otros accesorios. El rifle viene en cartuchos 5.56x45mm OTAN y .308 Winchester, que son ampliamente utilizados en operaciones militares y de caza. Es compatible con la mira telescópica M 33-2RS. El Cetme L es un rifle semiautomático con un cargador interno que puede contener 30 rondas. Tiene un riel Picatinny en la parte superior del receptor para agregar ópticas y otros accesorios.

—

El M16 es un rifle de asalto liviano, de 5,56 mm, de la OTAN, refrigerado por aire, operado por gas y alimentado por cargador, desarrollado en los Estados Unidos por Colt y adoptado por el ejército de los EE. UU. en 1964. También ha sido fabricado bajo licencia por muchos otros países. .

La familia de armas M16 consta de variantes que utilizan los militares y las fuerzas del orden de todo el mundo. La carabina M4 es una versión más corta del arma que desde entonces la reemplazó como el rifle de servicio principal de muchas ramas militares de EE. UU., así como de otros ejércitos en todo el mundo.

—

El AK47 es uno de los rifles de asalto más populares del mundo. Es un arma de fuego que ha sido utilizada en muchos conflictos y guerras desde su creación. En este artículo, echaremos un vistazo a la AK47 y de qué está hecha. También veremos algunos de sus usos y cómo usarlo correctamente. El AK-47 fue diseñado por Mikhail Kalashnikov, quien nació en 1919. Trabajó como ingeniero durante muchos años antes de diseñar el rifle AK-47 al que nombró en su honor. El AK-47 está hecho de una mezcla de aluminio, acero y otros materiales. El tipo más común de munición utilizada para este rifle es rondas de calibre .223. Este rifle viene con un cargador de 30 rondas que se puede reemplazar fácilmente por otro para aumentar la velocidad de disparo y la cantidad de rondas que puede cargar antes de recargar. Esta pistola tiene una velocidad inicial que alcanza los 1,000 pies por segundo, lo que le permite realizar disparos de largo alcance. los AK-47 es capaz de fuego automático y semiautomático.

—

El M16A2 es un rifle OTAN de 5,56 x 45 mm, refrigerado por aire, operado por gas de impacto directo con un cerrojo giratorio y un extractor automático que se introdujo en 1967.

El M16A2 es un rifle OTAN de 5,56 x 45 mm, refrigerado por aire, operado por gas de impacto directo con un cerrojo giratorio y un extractor automático que se introdujo en 1967. El M16A2 reemplazó al antiguo rifle M14 que fue utilizado por el ejército de EE. UU. desde 1957 hasta 1970 El M16A2 ha sido utilizado por los ejércitos de EE. UU., Canadá y Australia, así como por otras fuerzas armadas de todo el mundo desde su adopción en 1967.

El M16A2 es una de las armas de fuego más utilizadas jamás fabricadas y ha sido llamada "el arma de fuego militar más exitosa jamás diseñada".

—

El rifle FN SCAR es un rifle semiautomático fabricado por FN Herstal en Bélgica en 1995. Fue diseñado para ser más versátil que otras armas como los rifles M16 y AK-47. El rifle se llama rifle de batalla ya que está destinado a ser utilizado en operaciones de combate, con la intención de atacar objetivos a diferentes distancias. El rifle FN SCAR también puede usar muchos tipos de cartuchos, incluida la familia de cartuchos M16/M4 y sus variantes, como 5.56 NATO/.223 Remington, 7.62x39 mm y .300 AAC Blackout (una versión de potencia reducida del .30-06). Springfield). El sistema de chasis FN SCAR ha sido adaptado a más de cien armas de fuego diferentes. El rifle FN SCAR es un sistema de armas modular que se puede personalizar y actualizar con varios componentes diferentes. El cañón, la culata y el guardamanos son las partes más comunes de la plataforma que se pueden cambiar por otras configuraciones y accesorios; sin quitar el tubo de extensión del receptor del arma que alberga el mecanismo de disparo. Aquí es donde entran en juego los cañones intercambiables, las culatas, los guardamanos y los sistemas de mira. Además de estos componentes, el sistema de chasis permite el montaje de ópticas y otros accesorios. El rifle FN SCAR utiliza un pistón de gas de carrera corta ubicado sobre el cañón en un sistema de gas convencional. El grupo portador del cerrojo (BCG) está unido a la parte delantera de este pistón y es impulsado por él durante el funcionamiento. Contiene un percutor que golpea una varilla dentro del BCG para encender los cartuchos en la batería a través de un mecanismo de barra de transferencia intermedia ubicado dentro de este; que también alberga orejetas de bloqueo en a cada lado del percutor que se bloquean en los cortes correspondientes en el receptor. Las lengüetas de bloqueo se liberan de esos cortes cuando el BCG gira durante la operación para despejar el camino para el percutor, luego de lo cual los golpea nuevamente para disparar un cartucho. El movimiento giratorio de este mecanismo también le permite funcionar como un tipo de extractor, sacando las cajas disparadas desde el interior del receptor y expulsándolas a través de un puerto de expulsión ubicado arriba y detrás del cargador en la parte superior del receptor. este sistema es conocido como sistema de "retroceso corto". La acción del rifle M16 tiene un diseño y funcionamiento general similar al descrito anteriormente, pero en lugar de un BCG que está contenido dentro del receptor y transfiere la potencia del cartucho a una varilla de transferencia intermedia, el rifle militar de percusión utiliza un mecanismo de impacto directo en cuya presión de gas impulsada por los gases propulsores de cada cartucho en el cargador se usa para accionar el percutor directamente a través de su varilla de transferencia hacia atrás.

—

Steyr AUG es un rifle semiautomático que se fabrica en Austria. Fue diseñado por la empresa Steyr Mannlicher en 1964 y originalmente estaba destinado a ser utilizado por el ejército austriaco.

El Steyr AUG tiene un diseño bullpup con un mecanismo automático. El arma tiene un cargador interno que contiene 30 cartuchos de munición OTAN de 7,62 x 51 mm. Se puede almacenar para varios tipos diferentes de cartuchos, incluidos el .308 Winchester, .223 Remington y rondas de calibre soviético de 7,62x39 mm. . El arma tiene un cañón de rifle de calibre OTAN de 5,56 mm y un cargador adicional de calibre OTAN de 7,62 x 51 mm debajo del cañón. El sistema de gas del arma se encuentra en la empuñadura de pistola, que se puede operar con una o dos manos y contiene un botón de cerrojo separado para tiradores zurdos. También viene con un bípode integrado que también es ajustable en tres posiciones.

—

El FAMAS es un rifle de asalto bullpup francés que es ampliamente utilizado por militares de todo el mundo. Ha estado en servicio desde 1987 y ha visto acción en guerras como la Guerra del Golfo, la Guerra Civil de Yugoslavia y el Genocidio de Ruanda. El FAMAS es un rifle de asalto bullpup francés que estuvo en servicio desde 1987. Ha entrado en acción en guerras como la Guerra del Golfo, la Guerra Civil Yugoslava y el Genocidio de Ruanda. Actualmente es utilizado por militares de todo el mundo, incluidos los de Francia, Corea del Norte y Argelia. Descripción del juego Editar FAMAS es un rifle de asalto bullpup francés que se produjo por primera vez en 1985

—

El SG 543-1 es un rifle semiautomático que se introdujo a principios de la década de 1960. Es un rifle de fabricación alemana con una capacidad de cargador de 5 rondas. El SG 543-1 es uno de los rifles más populares del mundo y ha sido utilizado por muchos países, incluidos Alemania, Canadá, Finlandia, Francia y Noruega. Este rifle ha sido utilizado tanto por fuerzas militares como civiles para la caza y el tiro deportivo. El rifle utiliza un diseño de retroceso simple y no está equipado con dispositivos de seguridad manuales. El SG 543-1 utiliza un receptor de acero estampado y viene con una culata fija. El SG 543-1 tiene múltiples variantes, pero la variante más común es el SG 543-1 G5, que tiene una culata ajustable, una capacidad de cargador de 30 rondas y un cañón de 10 a 25 pulgadas de largo. Este rifle fue fabricado por Gebrüder Sauer & S ohn GmbH & Co. KG en Alemania. El SG 543-1 es uno de los rifles de caza menor más comunes en el mercado y ha sido utilizado tanto por fuerzas militares como civiles para la caza y el tiro deportivo. El rifle utiliza un diseño de retroceso simple y no está equipado con dispositivos de seguridad manuales. El SG 543-1 usa un receptor de acero estampado, viene con una culata fija, tiene múltiples variantes, pero la variante más común es el SG

—

El SA80 es un rifle de asalto de diseño británico fabricado por la Royal Small Arms Factory Enfield. Se introdujo por primera vez en 1980 y ha estado en servicio con el ejército británico desde entonces. El SA80 es un rifle de fuego selectivo operado por gas que puede dispararse en modo semiautomático o completamente automático. Cuenta con un cañón de cambio rápido y una culata plegable lateralmente, lo que permite un almacenamiento y transporte compacto del arma. El SA80 ha sido ampliamente utilizado por las fuerzas británicas en el extranjero, incluso durante la Guerra del Golfo y la Operación Telic en Irak. El SA80 está disponible en calibres OTAN de 7,62 × 51 mm y OTAN de 5,56 × 45 mm, que son compatibles con los cargadores estándar de la OTAN. La versión que utiliza actualmente el ejército británico tiene una capacidad de cargador de 30 rondas para cada uno de estos cartuchos. El rifle también se puede equipar con un cargador con capacidad para 40 rondas para la variante OTAN de 7,62 × 51 mm y un

cargador con capacidad para 20 rondas para la variante
OTAN de 5,56 × 45 mm, lo que le permite ser despedido
en cualquiera de los roles. El rifle estándar es el L85A2,
un diseño bullpup que tiene una varilla de operación de
pistón de gas interna y dispara a cerrojo cerrado. El rifle
está equipado con una mira óptica y puede equiparse con
accesorios adicionales, como un módulo de puntería láser
y un lanzagranadas debajo del cañón. El arma también se
puede suprimir para reducir su informe a un nivel
adecuado para operaciones sigilosas. Además, utiliza la
capacidad de ráfaga de 5 rondas que ayuda a mantener la
precisión mientras minimizando la exposición. "El rifle
L85A2 está diseñado para ser fácil e intuitivo de usar,
incluso para un novato". - Ejército.mil Aberdeen Test Rig
con configuración de rifle L85A2

—

IMI Galil es un rifle semiautomático que fue diseñado y
fabricado por Israel Military Industries a fines de la década
de 1970. Es un rifle de asalto bullpup que utiliza munición
OTAN de 7,62x51 mm. y se basa en el propio IMI Galil. El
Galil no es un rifle de asalto en el sentido tradicional, ya
que tiene un cargador fijo y dispara a cerrojo cerrado. Sin
embargo, su diseño bullpup lo hace muy maniobrable con
cargadores de 25 a 30 rondas (según el modelo) que se
insertan a lo largo del cuerpo del arma en lugar de detrás
de él como la mayoría de los rifles de asalto. El cartucho
OTAN de 7,62 x 51 mm es capaz de penetrar chalecos
antibalas a largas distancias como cien yardas, y el Galil
tiene una velocidad inicial de 3000 pies / s (910 m / s) con
una velocidad cíclica de 700 rpm. El Galil suele estar
equipado con una culata de alambre plegable en la parte
superior para facilitar el almacenamiento.

El Galil se ha utilizado en conflictos en todo el mundo y ha
sido adoptado por numerosos países como su arma de
servicio estándar. Fue utilizado por primera vez por las
FDI (Fuerzas de Defensa de Israel) en 1978 y luego por
otros militares como el Cuerpo de Marines de los Estados
Unidos, las Fuerzas Especiales del Ejército de los Estados
Unidos, el SAS británico, las Fuerzas Armadas de

Canadá, el Ejército Australiano, el Ejército de Nueva Zelanda. , Fuerza de Defensa Nacional de Sudáfrica y las Fuerzas Armadas de Polonia. El arma está actualmente en uso por las Fuerzas de Defensa de Israel, el Ejército Argentino, el Ejército Mexicano, el Ejército de la India y la Armada de Sri Lanka.

—

El rifle Tavor de las Fuerzas de Defensa de Israel (FDI) es un arma de fuego popular entre las Fuerzas de Defensa de Israel. Es un rifle de asalto bullpup israelí diseñado por IMI.

El rifle IDF Tavor es un arma de fuego popular entre las Fuerzas de Defensa de Israel. Se puede usar en varios roles y situaciones, como uso militar, policial y civil. El Tavor se ha utilizado en varias guerras y conflictos, incluida la Operación Plomo Fundido en Gaza, la Operación Margen Protector en Gaza y la Operación Libertad Iraquí. . El arma se basa en el Tavor SAR, un rifle bullpup desarrollado para las Fuerzas de Operaciones Especiales (SOF) de los Estados Unidos. El Tavor está fabricado por Israel Weapon Industries y se produjo originalmente en Israel. En Europa se vendió en dos configuraciones: completamente automática o semiautomática solamente. Actualmente, se están produciendo tres modelos del Tavor; con una variedad de longitudes de cañón y modos de disparo. En 2008, IWI ganó una licitación internacional para producir rifles para todos ramas del ejército de los EE. UU. en conjunto con FN Herstal, fabricante del rifle de batalla FN FAL. El Tavor se introdujo en los mercados internacionales en octubre de 2004. El arma tiene una recámara para 5,56x45 mm OTAN, lleva cargadores STANAG y puede alimentarse con ambos tipos de cargadores AK-47 (el tipo más antiguo con un piso superior curvo). Según Tavor International Arms, Inc., el arma está "diseñada como un arma de un solo disparo, seleccione -Los modelos de fuego no están disponibles." El Tavor es parte de la familia de rifles bullpup desarrollados por IWI. El Tavor es un rifle bullpup con su cargador ubicado detrás del guardamonte y un mango de carga montado en la parte superior. Como no tiene un cañón tradicional más adelantado, la longitud del cañón se puede cambiar sin cambiar ninguna otra parte del rifle. El arma tiene un receptor de aleación de aluminio y una culata plegable de acero que se puede desplegar de izquierda a derecha o viceversa.

—

El United Nations F2000 es un arma de fuego diseñada y fabricada por las Naciones Unidas. Fue diseñado para ser el rifle más poderoso del mundo.

El United Nations F2000 es un arma de fuego diseñada y fabricada por las Naciones Unidas. Fue diseñado para ser el rifle más poderoso del mundo. El UNF2000 tiene una capacidad de cargador de 20 rondas, lo que lo convierte en uno de los rifles más letales que existen. Esta arma ha sido utilizada por muchos militares de todo el mundo, incluidas las Fuerzas Especiales de Corea del Norte, que la utilizan como su principal arma preferida. El UN F2000 es un arma de fuego diseñada y fabricada por las Naciones Unidas. Fue diseñado para ser el rifle más poderoso del mundo. El UNF2000 tiene una capacidad de cargador de 20 rondas, lo que lo convierte en uno de los rifles más mortíferos que existen.

Esta arma ha sido utilizada por muchos militares de todo el mundo, incluidas las Fuerzas Especiales de Corea del Norte, que la utilizan como su principal arma preferida.

—

La SIG SG 540 es un arma de fuego popular en los EE. UU. y está disponible en muchas configuraciones diferentes. El SG 540 es un rifle semiautomático operado por gas con un silenciador integrado. Tiene un cañón de 18 pulgadas y se puede configurar con una culata telescópica o fija. La SIG SG 540 es un arma de fuego popular en los EE. UU. y está disponible en muchas configuraciones diferentes. El SG 540 es un rifle semiautomático de gas con silenciador integrado. Tiene un cañón de 18 pulgadas y se puede configurar con culata telescópica o fija

—

El QBZ-95 es un rifle de asalto chino diseñado para ser liviano, preciso y fácil de usar. El QBZ-95 es un rifle de asalto diseñado por el Ejército Popular de Liberación de China. Fue introducido en 1995 y ha estado en uso desde entonces. El QBZ-95 tiene un diseño bullpup, lo que significa que tiene su acción detrás del gatillo y el cargador en la parte inferior del arma. El arma tiene una cámara para el cartucho de potencia intermedia de 5,8x42 mm, que se puede cargar con un cargador de caja de 20 rondas (para la versión de rifle estándar) o un cargador de tambor de 30 rondas (para la variante de ametralladora ligera). El cartucho de 5,8x42 mm es uno de los cartuchos autóctonos de China y ha sido utilizado por China en su rifle de asalto Tipo 95, así como en sus variantes. QBZ-95-1 El QBZ

—

La Heckler & Koch G36 es una ametralladora desarrollada por Heckler & Koch a principios de la década de 2000. Se puede utilizar como arma de defensa personal o como rifle de asalto compacto. En Call of Duty: Black Ops II, hay una variante de cañón corto del Heckler & Koch G36K llamada KSP. Parece estar basado en un G36C con un cañón acortado y un bozal estilo AK74. Heckler & Koch G36 - 5.56x45mm OTAN / .223 Remington

Esta guía está diseñada para ayudarlo a identificar las diferencias entre los diferentes tipos de armas de fuego y explicar algunas de sus características y usos.

—

El rifle INSAS es un rifle de asalto bullpup de la OTAN de 5,56 x 45 mm diseñado en la India por la Junta de Fábrica de Artillería de la India (OFB) de propiedad estatal en colaboración con las Industrias Militares de Israel (IMI). El

INSAS es un arma que se puede utilizar para el combate, la caza y la autodefensa. Tiene un diseño ligero y compacto, lo que lo hace ideal para el combate cuerpo a cuerpo. El arma se puede convertir fácilmente de fuego semiautomático a totalmente automático con solo un botón en el gatillo. Guardia. El rifle INSAS es un rifle de asalto bullpup de la OTAN de 5,56 x 45 mm diseñado en India por la Indian Ordnance Factory Board (OFB) de propiedad estatal en colaboración con Israel Military Industries (IMI). . El INSAS es un arma que se puede utilizar para el combate, la caza y la autodefensa. Tiene un diseño liviano y compacto, lo que lo hace ideal para el combate cuerpo a cuerpo. El arma se puede convertir fácilmente de fuego semiautomático a completamente automático con la ayuda de un adaptador. Hay un cargador de cuatro rondas, lo que lo hace capaz de disparar 8 disparos por segundo, con un cañón de acero de tungsteno. Esta arma solo es legal en el estado de Massachusetts y Nueva Jersey.

Una guía de armas de fuego es un recurso que brinda información sobre las armas de fuego y cómo usarlas correctamente. Esto incluye cómo manejar, almacenar, mantener, limpiar y disparar diferentes tipos de armas.

—

El IMBEL IA2 es un rifle de 5,56 x 45 mm que se ha utilizado en muchos países con fines militares y policiales. El rifle tiene un sistema de cañón de desmontaje rápido que facilita cambiar los cañones cuando sea necesario. El rifle también viene con una mira telescópica como equipo estándar. El rifle es un sistema de impacto de gas. El cañón está forjado con martillo en frío y tiene estrías 5R. El rifle también cuenta con un perno giratorio y utiliza el sistema de pistón de carrera corta con la munición subsónica PARA.

—

El Fedorov Avtomat fue el primer rifle automático verdadero. Fue diseñado por Fedorov y su equipo en

1903. El Fedorov Avtomat es un rifle de cerrojo ruso con un cargador interno alimentado por una sola ronda, que se carga a través de la brecha. entre el cerrojo y el cañón. El Fedorov Avtomat se produjo en pequeñas cantidades antes de que se detuviera la producción en 1918. El rifle tenía una culata de madera, un cargador tubular debajo del cañón y una cubierta de culata de metal de una sola pieza que se doblaba como empuñadura delantera del arma.

—

El FG 42 es un arma icónica que inspiró el diseño de muchas más armas de fuego. Era un arma estándar del ejército alemán y fue diseñada por Hugo Schmeisser. El FG 42 tiene una apariencia distintiva y también es una de las armas más populares de la historia. El FN FAL es un rifle de batalla de larga data utilizado por el ejército francés. Fue diseñado por Dieudonné Saive y fabricado en Bélgica, Inglaterra, Portugal y Sudáfrica. Parece una pistola de toreo. La M1911 es una de las pistolas más famosas jamás fabricadas por Colt Patent Firearms Manufacturing Company y se introdujo en 1911 como una modificación del diseño anterior de John Browning para el rifle M1903 Springfield que le permitió incorporar una corredera y un cañón externos en lugar de un bloque de recámara fijo y una recámara larga. Todavía está en uso hoy.

—

El FN WALL cuenta con un cuerpo de polímero y un riel Picatinny para el montaje de accesorios. Tiene un interruptor selector de seguridad ambidiestro de estilo táctico y un cargador ambidiestro. Este artículo trata sobre el FN WALL, que es una de las armas de fuego más populares del mundo. El FN WALL es un rifle con marco de polímero que cuenta con un interruptor selector de seguridad ambidiestro, cargador ambidiestro y riel Picatinny para accesorios de montaje. Esta guía cubrirá lo que este rifle tiene para ofrecer, así como algunos de sus pros y contras. El FN WALL viene con un interruptor

selector de seguridad de estilo táctico y un cargador
ambidiestro que son fáciles de usar. El rifle también tiene
rieles Picatinny en ambos lados del receptor para montar
accesorios como ópticas u otros dispositivos. El FN WALL
también viene con una empuñadura delantera opcional
que se puede montar en el lado izquierdo o derecho del
guardamano dependiendo de la preferencia del usuario.

—

Esta guía trata sobre las armas de fuego, que son armas
que se pueden usar tanto para la caza como para la
autodefensa. Cubrirá los conceptos básicos de un rifle y
sus características.

Esta guía trata sobre el HK G3, que es un rifle fabricado
por Heckler & Koch. Ha estado en servicio durante más de
30 años y ha sido utilizado por muchos países del mundo.

HK G3 - Descripción general: El HK G3 (Gewehr 3) es un
rifle de asalto de fuego selectivo alemán diseñado por
Heckler & Koch. y producido entre 1959 y 1963. Se basa
en el diseño G3 Kalashnikov, utilizando una versión
modificada de la ronda de la OTAN de 7,62 × 51 mm con
un cargador integrado de 20 rondas conocido como el G3
de la OTAN de 7,62 × 51 mm (Gewehr 3). El rifle en sí
tenía una recámara para una variante especial del
cartucho Mauser estándar de 7,9 x 57 mm, que tenía
balas Spitzer y cuello hacia abajo para aceptar un
Proyectil calibre .308 (.311 de diámetro). El G3 fue una de
las primeras armas desarrolladas a partir del diseño
Kalashnikov en utilizar el cargador de caja desmontable,
una característica que más tarde se convertiría en
estándar para todos los diseños posteriores de Heckler
& Koch. HK G3 - Disparo alternativo: modo
semiautomático

—

El HK417 es un rifle de asalto semiautomático con modo
de disparo selectivo. Lo utilizan las fuerzas armadas y las
fuerzas del orden de todo el mundo. El HK417 es un rifle

de asalto de fabricación alemana que dispara cartuchos de 5,56 mm desde un cargador de 20 cartuchos o un cargador de tambor de 40 cartuchos. Tiene un silenciador integrado, que es útil para disparar en lugares cerrados sin revelar tu posición, y se puede quitar fácilmente para usarlo sin él. El AUG es un rifle de asalto bullpup con un modo de disparo selectivo. Es utilizado por las fuerzas armadas y las fuerzas del orden de todo el mundo. El AUG es un rifle de asalto de fabricación austriaca que dispara cartuchos de 5,56 mm desde un cargador de 20 rondas o un cargador de batería de 40 rondas. Tiene un silenciador integrado, que es útil para disparar en lugares cerrados sin revelar su posición, y se puede quitar fácilmente para usarlo sin él.

—

El rifle de carga automática L1A1 es un arma que fue diseñada y construida por la British Small Arms Company (SAAC) en 1948. El L1A1 es el rifle estándar del ejército británico y sus variantes son utilizadas por otras fuerzas armadas de todo el mundo.

El rifle de carga automática L1A1 se ha utilizado en numerosos conflictos desde sus inicios, entre ellos:

* La Guerra de Corea

* La Guerra Indo-Pakistaní de 1965

* La Guerra de Vietnam

* La Guerra de las Malvinas

* Afganistán

* Guerra de Irak

El L1A1 también se ha utilizado para entrenar tropas en varios países, incluidos Canadá, Australia, Nueva Zelanda y Pakistán.

—

El M1 Garand es el rifle más común utilizado en la Segunda Guerra Mundial y la Guerra de Corea. También fue utilizado por muchos otros ejércitos en todo el mundo.

El M1 Garand es un rifle de repetición de cerrojo alimentado por cargador que dispara un cartucho .30-06 desde un clip en bloque de ocho rondas. Utiliza una acción de perno de cuatro orejetas de bloqueo con un extractor interno y una mira trasera fija de 8x50 mmR Lebel modelo 1886/1901. El stock fue diseñado para ser plegable para facilitar el transporte y el almacenamiento. . El M1 Garand sirvió como el rifle de infantería estándar para el ejército de los Estados Unidos durante y después de la Segunda Guerra Mundial, pero fue eliminado a favor del diseño M14. Sigue siendo popular como rifle de caza.

—

El M14 es un rifle que fue utilizado por el ejército de los Estados Unidos en la Guerra de Vietnam. Es un rifle semiautomático de gas con cerrojo giratorio y fuego selectivo. El M14 es uno de los rifles más populares del mundo. Ha sido utilizado por muchos países, incluidos China, India y Rusia, pero también ha sido prohibido en algunos otros países. El M14 es uno de los rifles más populares del mundo porque fue utilizado por muchos países durante su tiempo. Ha sido prohibido porque algunos países tienen políticas diferentes sobre la propiedad de armas de fuego que otros. El M14 es un rifle que fue utilizado por el Ejército de los Estados Unidos en la Guerra de Vietnam. Es un rifle semiautomático de gas con cerrojo giratorio y fuego selectivo. El M14 ha sido utilizado por muchos países, incluidos China, India y Rusia, pero también ha sido prohibido en algunos otros países.

—

El rifle de batalla mejorado Mk 14 es un rifle de batalla diseñado y fabricado por los Estados Unidos. Es un rifle de fuego selectivo operado por gas, alimentado por cargador, refrigerado por aire que dispara munición OTAN de 7,62 × 51 mm desde un cargador de caja desmontable de 20 rondas.

El Mk 14 es un rifle de fuego selectivo, operado por gas, alimentado por cargador, enfriado por aire que dispara munición OTAN de 7.62x51 mm desde un cargador de caja desmontable de 20 balas. El Mk 14 tiene un sistema de gas ajustable y se puede usar con los rifles de servicio M68 o M16A2, así como con la carabina M4.

El rifle de batalla mejorado Mk 14 es una versión mejorada del rifle de batalla estándar de los Estados Unidos: el M14 en calibre 20. Ha sido diseñado para reemplazar ambas armas en el servicio militar de los EE. UU. y ha sido adoptado por varias otras naciones alrededor del mundo para su uso en sus fuerzas armadas y fuerzas del orden.

—

El rifle Mauser 1918 T es un rifle semiautomático alemán que fue diseñado por Hugo Schmeisser y fabricado por la empresa Mauser. Fue diseñado en 1918 y utilizado ampliamente durante la Primera Guerra Mundial. Se puede encontrar en una variedad de configuraciones diferentes, pero este artículo se centrará en la configuración estándar con un cargador de 20 rondas. El rifle Mauser 1918 T es un arma de fuego icónica de la Primera Guerra Mundial, y su diseño se ha mantenido relativamente sin cambios desde que se fabricó por primera vez. El rifle se ha utilizado ampliamente como arma militar, así como para la caza como ciervos. y alce

—

Esta guía le brindará información sobre el rifle antitanque y cómo se usó durante la Segunda Guerra Mundial.

El rifle antitanque Panzerbüchse, o arma antitanque, es un tipo de rifle de gran calibre diseñado para penetrar armaduras disparando rondas explosivas. Fue desarrollado por primera vez por los alemanes en 1944 y ha sido ampliamente utilizado desde entonces. El Panzerbüchse fue el primer rifle antitanque que usó una ronda similar a una granada propulsada por cohete (RPG). El primer trabajo de desarrollo de un nuevo rifle antitanque comenzó en 1943 y se completó en abril de 1944. En ese momento, la Wehrmacht había desarrollado el SIG 33, que combinaba la caja del cartucho de una ametralladora MG 34 con una ojiva antitanque de 88 mm. . El diseño del arma incluía una montura de tres puntos para reducir el retroceso.

—

El rifle antitanque Tipo 97 ha estado en producción desde 1937. Fue el arma principal utilizada por el Ejército Imperial Japonés durante la Segunda Guerra Mundial y la Guerra de Corea.

El Type 97 es un rifle de repetición alimentado por cargador, refrigerado por aire y operado por gas que dispara cartuchos Arisaka de 7,7 × 58 mm desde un cargador de caja interno de cinco cartuchos. Tiene una mira delantera fija con una mira trasera ajustable que se pliega para usar como montura de bayoneta o se puede quitar por completo a favor de una montura de alcance. Su característica distintiva es su largo cañón que le permite disparar a distancias de hasta 1.000 metros con precisión.

Esta guía le proporcionará información útil sobre este icónico rifle japonés, así como algunos datos interesantes sobre la historia de la producción y el uso de esta arma de fuego en todo el mundo.

—

El Maroszek Kb Ur wz.35 es un rifle semiautomático polaco que fue diseñado en 1935. Es un rifle alimentado por cargador alimentado por gas que se puede disparar en modo semiautomático o completamente automático.

El Maroszek Kb Ur wz.35 es el arma de fuego más popular de Polonia y es el rifle estándar del ejército polaco desde 1957.

El Maroszek Kb Ur wz.35 es un rifle semiautomático polaco que fue diseñado en 1935 por Karol Borys Bieganski, quien también diseñó la ametralladora M1928 Degtyaryov y luego se convirtió en general del ejército polaco durante la Segunda Guerra Mundial. El diseño se basó en su experiencia tanto con armas de fuego como con el diseño de aeronaves, que había aprendido de su padre, Karol Borys Bieganski Sr., quien había sido ingeniero en la Universidad Tecnológica de Varsovia antes de la Primera Guerra Mundial y luego se convirtió en ingeniero aeronáutico en la Fuerza Aérea Polaca durante las décadas de 1920 y 1930. El AK-47 es un rifle de asalto operado por gas diseñado por Mikhail Kalashnikov sobre la base de la experiencia de combate que había adquirido como soldado durante la Segunda Guerra Mundial. Tenía una recámara para munición de 7,62 × 39 mm y se ha fabricado en muchos países desde su primera producción en 1947. El AK-47 fue uno de varios diseños presentados por Mikhail Kalashnikov, quien era un capitán de infantería senior en el Ejército Rojo de la Unión Soviética en ese momento. A Kalashnikov se le atribuye el diseño del AK-47 y otros rifles de asalto más simples y portátiles, como el AKM y el RPK. El AK-47 está correctamente clasificado como un rifle de asalto de fuego selectivo que funciona con gas, pero durante mucho tiempo se lo ha identificado erróneamente como un rifle automático. La "C" en AK significa "Kalashnikov", llamado así por Mikhail Kalashnikov, quien diseñó el arma y anteriormente había diseñado un Ametralladora. El AK-47 es un rifle de asalto muy conocido que ha sido utilizado por varias fuerzas armadas de todo el mundo desde su primera adopción por parte del ejército soviético en 1947. El AK-47 ha revolucionado el diseño y la fabricación de armas pequeñas, con un 30 sin precedentes. millones de las armas producidas y vendidas a 20 países durante su ciclo de producción militar.

—

El rifle antitanque Boys es un arma ficticia. Se introdujo por primera vez en la serie de cómics, "Boys' war" en 1995. El rifle tiene un cañón largo y se usa para disparar proyectiles explosivos a los tanques. En los cómics, los soldados lo utilizan para destruir tanques enemigos durante la Tercera Guerra Mundial. El rifle también ha aparecido en videojuegos como Call of Duty: Black Ops 2, Battlefield 4 y Medal of Honor Warfighter. El rifle antitanque Boys es un arma ficticia. Se introdujo por primera vez en la serie de cómics "Boys' War" en 1995. El rifle tiene un cañón largo y se usa para disparar proyectiles explosivos a los tanques. En los cómics, los soldados lo usan para destruir tanques enemigos durante la Tercera Guerra Mundial. Aunque existe una variante real El **Rifle, Anti-Tank, .55in, Boys** conocido corrientemente como el **Boys** era un fusil antitanque británico empleado durante la Segunda Guerra Mundial.

PISTOLAS Y REVOLERS

La Solothurn S-18/100 es una pistola semiautomática de fabricación suiza que se introdujo en 1894. Es un arma de recámara bloqueada de acción simple, operada por retroceso, con un bloque de recámara de tornillo interrumpido y un martillo interno.

Solothurn S-18/1000 y Solothurn S-18/1100 son versiones modificadas del diseño original que se introdujeron en 1894 y 1899 respectivamente. Ambas son armas de acción simple, operadas por retroceso, con recámara bloqueada con un bloque de recámara de tornillo interrumpido y un martillo interno.

—

El PTRS-41 es un rifle semiautomático que fue utilizado por la Unión Soviética durante la Segunda Guerra Mundial. Se ha utilizado en películas como Rambo: First Blood Part II, Red Dawn y The Patriot.

El PTRS-41 es un rifle semiautomático que fue utilizado por la Unión Soviética durante la Segunda Guerra Mundial. Se ha utilizado en películas como Rambo: First Blood Part II, Red Dawn y The Patriot. Esta arma de fuego también se entregó a los Estados Unidos para fines de prueba en 1955 y luego se adoptó en servicio con el ejército soviético.

—

Un PTRD es un rifle semiautomático ruso fabricado por Izhmash. El PTRD utiliza el cartucho de 7,62 × 54 mmR para disparar balas potentes que perforan armaduras con alta precisión y bajo retroceso, lo que lo convierte en una opción popular para uso militar y policial. Un PTRS es un rifle semiautomático chino fabricado por Norinco. Utiliza principalmente el cartucho de 7,62 × 39 mm, pero también dispara cartuchos .223 Remington, y muchos de estos últimos se venden a los departamentos de policía de los Estados Unidos y otros lugares. El PTRS tiene un mecanismo de cerrojo convencional y es capaz de modos de disparo selectivo tanto en disparos individuales como en ráfagas cortas.

—

El revólver Apache es un revólver de seis tiros que fue fabricado por la famosa compañía de armas de fuego Smith & Wesson. Se introdujo en 1882 y se usó en el oeste americano como rifle de caza y arma de defensa personal.

El Apache es un revólver de acción simple con seis cámaras que puede contener hasta seis rondas de municiones a la vez. El arma tiene un cilindro que gira en el sentido de las agujas del reloj para cargar disparos en las recámaras y gira en el sentido contrario a las agujas del reloj para expulsarlos del arma cuando se dispara. El cañón también puede girar para facilitar la carga de balas.

—

Astra 680 es un rifle semiautomático que tiene un precio minorista sugerido de $ 2,099.

Astra 680 es un rifle semiautomático que tiene un precio minorista sugerido de $ 2,099. Está diseñado para caza y uso táctico. Cuenta con un cañón de cambio rápido, que permite a los usuarios cambiar rápidamente el cañón para diferentes calibres y modos de disparo.

El Astra 680 viene con una palanca de liberación del cargador ambidiestro, lo que facilita el manejo del arma a tiradores zurdos y diestros. El rifle también utiliza cargadores AICS, que son compatibles con la mayoría de los rifles de cerrojo del mercado actual.

—

El Beaumont-Adams Revolver es un revólver estadounidense que se fabricó a mediados del siglo XIX. El revólver Beaumont-Adams es un arma de fuego de avancarga de acción simple.

El revólver Beaumont Adams fue diseñado por Samuel Colt y fue patentado el 16 de enero de 1848. Es uno de los primeros revólveres exitosos en utilizar un cilindro giratorio con varias cámaras y un percutor giratorio.

El revólver Beaumont-Adams fue utilizado por muchas personas famosas como John Wilkes Booth, Ulysses S Grant, Jesse James y Wyatt Earp.

—

La Beretta Laramie es una pistola semiautomática comúnmente utilizada por las fuerzas del orden y militares. Esta arma de fuego ha estado en producción desde la década de 1980 y ha sufrido muchos cambios a lo largo de los años.

El arma fue desarrollada por Beretta para ser una alternativa más poderosa a la pistola Walther P38. Cuenta con un mecanismo de disparo diferente, lo que la hace más precisa que otras pistolas del mercado. También cuenta con una mira trasera ajustable, que permite a los usuarios ajustar su puntería dependiendo de cómo sostengan el arma en sus manos.

La Beretta Laramie es una opción popular para los agentes del orden público, así como para los ciudadanos privados que quieren portar armas para defenderse.

—

La Beretta Stampede es una pistola semiautomática diseñada por el fabricante italiano de armas de fuego Beretta. Fue introducido en 2001 y actualmente está en producción.

El Stampede tiene un marco de polímero y una corredera de aleación de aluminio, con un cañón que se puede reemplazar con el cañón "Beretta Urika" que tiene un supresor integrado. El cañón Urika tiene una boca roscada que acepta accesorios de boca estándar, como apagallamas y compensadores.

El Stampede está destinado a ser utilizado como arma de caza o para la autodefensa. El gatillo del Stampede es muy ligero, pesa alrededor de 2 libras, lo que facilita disparar con precisión.

—

El modelo Bodeo 1889 es un rifle de acción de ruptura de un solo tiro con un cilindro giratorio. Ha estado en uso desde 1889 y fue el arma militar estándar para Argentina y Uruguay.

El modelo Bodeo 1889 es un rifle de acción de ruptura de un solo tiro con un cilindro giratorio. Ha estado en uso desde 1889 y fue el arma militar estándar para Argentina y Uruguay. La Bodeo Modelo 1889 también es conocida como "Soldado Argentino" o Pistola del Soldado Argentino.

El Bosso Revolver es una pistola semiautomática totalmente metálica que fue diseñada para reemplazar a la Colt 1911. Tiene un marco de aluminio liviano y una empuñadura de polímero.

El Bosso Revolver es un arma de fuego interesante y única que ha llamado la atención de los entusiastas de las armas. El arma está disponible en diferentes calibres, como .22 LR, 9 mm, .357 Sig y .45 ACP.

El revólver Bosso es una excelente opción para aquellos que buscan algo diferente para su colección de armas cortas.

—

Charter Arms Bulldog es una pistola muy popular que existe desde principios de la década de 1950. Es conocido por su fiabilidad y precisión en situaciones de combate a corta distancia.

El Charter Arms Bulldog fue diseñado con un solo propósito en mente: ser un arma de fuego pequeña, poderosa y ocultable que pudiera ser utilizada por los agentes del orden público o por civiles por igual. Es una de las pistolas más populares jamás fabricadas, con más de 4 millones de unidades vendidas en todo el mundo.

—

El Chiappa Rhino es un arma de fuego tipo revólver que se introdujo en el año 2005. Es un arma de fuego popular entre los entusiastas de las armas y ha aparecido en varias películas, programas de televisión y videojuegos.

El Chiappa Rhino presenta un diseño único con una configuración de barril inusual. El barril está ubicado en el centro del marco con dos cilindros colocados a cada lado. El cilindro de la izquierda alberga 6 rondas mientras que el cilindro de la derecha alberga 5 rondas. El revólver también cuenta con un seguro manual que se puede activar o desactivar tirando hacia atrás de la espuela del martillo.

El Chiappa Rhino se ha utilizado en muchas películas populares como "Heat" e "Inception". También apareció en muchos videojuegos como "Saints Row IV" y "Far Cry 4".

—

El revólver de chispa Collier fue un tipo de arma de fuego fabricada en Estados Unidos entre 1814 y 1819 por el armero estadounidense Elijah Collier.

El arma era un arma de percusión de avancarga que disparaba un solo tiro y se usaba principalmente para cazar ciervos y pavos salvajes.

—

El revólver Colombo-Ricci es un tipo de pistola de avancarga de un solo tiro que fue diseñada en 1848 por el diseñador de armas de fuego italiano Pietro Colombo y el armero belga Daniel Ricci.

Este revólver se ha utilizado en una variedad de películas, incluida "Django Unchained".

El Colt 1851 Navy Revolver era un arma de percusión y cartucho. Fue producido desde 1851 hasta 1873 y todavía se usa en eventos competitivos como Cowboy Action Shooting.

—

Colt 1851 Navy Revolver es un tipo de arma de fuego que se utilizó en la Guerra Civil estadounidense.

Colt 1851 Navy Revolver es un revólver de acción simple que fue diseñado por Samuel Colt y fabricado por Colt's Patent Firearms Manufacturing Company. Fue el primer revólver en utilizar cartuchos como munición en lugar de pólvora suelta y bola. . El revólver también usa un cilindro giratorio con seis cámaras y puede contener seis o siete cartuchos. Tiene un mecanismo de acción simple, lo que significa que el martillo debe amartillarse manualmente antes de cada disparo y apretar el gatillo para disparar. El nombre "Colt Navy" se utilizó para el Navy Revolver de 1851 hasta 1898, cuando pasó a llamarse oficialmente Naval Special Model. En un intento de trasladar la producción del revólver de la ciudad de Nueva York a su planta en Hartford, Connecticut, Colt nombró su nuevo modelo, el Colt New Army Model. El Navy Revolver de 1851 fue popular y ampliamente utilizado en la Guerra Civil Estadounidense debido a su fácil manejo, su velocidad de disparo relativamente alta y su calibre .44. El Colt 1851 Navy Revolver es una de las armas de fuego más reproducidas de la historia. Existen muchas reproducciones modernas, así como variantes diseñadas para recreaciones históricas. Sin embargo, con frecuencia, estos están mal hechos y carecen de la confiabilidad o precisión de las armas de fuego producidas en masa.

—

Colt 1861 Navy Revolver es un revólver de avancarga de acción simple y seis disparos que se fabricó en los Estados Unidos entre 1861 y 1873. El revólver Colt 1861 Navy ha sido utilizado por muchas personas notables como John Brown, Bob Dylan y John Wayne. También es el arma de fuego más utilizada en la historia de Estados Unidos. El revólver Colt Army fue diseñado por Samuel Colt en 1860 para el gobierno de los EE. UU. como un arma de mano estándar para el ejército de los Estados Unidos, aunque no fue adoptado por el gobierno de los EE. UU. hasta 1873 y no comenzó la producción hasta 1872 debido a problemas con el desgaste del cañón. y otros problemas con el diseño A diferencia de los revólveres más modernos, que tienen cámaras de cilindro que giran alrededor de un eje perpendicular a su longitud, algunos de los cuales se cargan tirando manualmente

—

Colt Anaconda es un arma de fuego que fue creada para ser más cómoda y fácil de usar para los tiradores. Tiene un diseño elegante, lo que hace que sea más fácil para los tiradores sostener el arma sin que se les escape de las manos.

La Colt Anaconda es una de las armas más populares del mundo porque es económica y confiable. Puede disparar hasta 800 disparos por minuto, lo que lo hace perfecto para fines de caza o defensa personal.

El Colt Anaconda tiene un cañón de 7 pulgadas y una capacidad de 6 rondas. El arma también viene con una culata ajustable, que ayuda a los tiradores a encontrar su posición ideal para disparar.

—

El Colt Army Model 1860 es un revólver de acción simple fabricado por Colt's Manufacturing Company. Fue el primer revólver en utilizar un cartucho metálico como munición.

El Colt Army Model 1860 es uno de los revólveres más populares de la historia. Se usó en muchas guerras y conflictos, incluida la Guerra Civil Estadounidense, la Revolución Mexicana y la Primera Guerra Mundial. También vio acción en muchas películas como Django Unchained y The Wild Bunch.

Ha sido replicado por varios fabricantes a lo largo de los años, incluidos Ruger y Smith & Wesson.

—

Colt Buntline es un revólver fabricado por Colt Manufacturing Company. Fue diseñado para el uso de James Butler "Wild Bill" Hickok y otros representantes de la ley a fines del siglo XIX.

La Colt Buntline es una pistola que dispara rondas de calibre .45 desde su cilindro a una velocidad de aproximadamente 700 pies por segundo. El arma se ha utilizado en numerosas producciones de Hollywood, incluidas Django Unchained, Tombstone y The Wild Bunch.

El Colt Buntline también se usó como el arma elegida por el personaje de John Wayne en Stagecoach (1939) de John Ford.

—

Colt Cobra es una pistola semiautomática operada por retroceso que fue presentada por Colt en 1973. Tiene una recámara para el cartucho .22 LR y tiene un cañón de 5.5 "con una longitud total de 8.5".

Colt Cobra es una de las pistolas más populares utilizadas en las competiciones de tiro y ha sido utilizada por muchos tiradores famosos como John Wayne, Clint Eastwood y Chuck Norris.

La Guía de pistolas Colt Cobra lo ayudará a conocer esta icónica pistola y todas sus características.

—

Colt Detective Special es un tipo de revólver que fue fabricado por primera vez en 1927 por Colt. Es un arma de fuego de marco pequeño y fácil de llevar que fue diseñada para la autodefensa.

El Colt Detective Special se ha utilizado en muchas películas y programas de televisión desde su lanzamiento. También ha sido utilizado por los organismos encargados de hacer cumplir la ley, así como por civiles que quieren ocultar su arma.

—

Colt Diamondback es un rifle AR-15 que es semiautomático, operado por gas, alimentado por cargador y tiene una longitud de cañón de 16.1 pulgadas.

El Colt Diamondback se introdujo en el mercado en 2014 y fue diseñado para ser utilizado por agentes de la ley mientras realizaban operaciones tácticas. Tiene un sistema de raíles con tres ranuras y también puede equiparse con óptica de visión nocturna.

El rifle Colt Diamondback está diseñado para agentes de la ley que necesitan realizar operaciones tácticas por la noche o en condiciones de poca visibilidad.

—

Colt Dragoon es un rifle de palanca que fue diseñado por Samuel Colt en 1873. Fue el primer rifle de repetición en usar cartuchos metálicos autónomos.

El Colt Dragoon es una de las armas de fuego más populares en la historia occidental. Ha sido utilizado por vaqueros, agentes de la ley y soldados para muchos propósitos diferentes, como la caza, la autodefensa y la guerra.

Este artículo proporciona una guía del Colt Dragoon con información sobre cómo se diseñó y algunos de sus usos a lo largo de la historia.

—

Colt House Revolver es una de las armas de fuego más populares del mundo. Es un revólver de acción simple que fue diseñado por Samuel Colt en 1847.

El revólver Colt House es un revólver de acción simple que fue diseñado por Samuel Colt en 1847. El revólver era capaz de disparar cinco tiros con solo apretar el gatillo y tenía un cilindro giratorio único que permitía disparar seis rondas a la vez.

El revólver Colt House se ha utilizado para defensa personal, caza y fines recreativos desde sus inicios, lo que lo convierte en una de las armas de fuego más populares del mundo.

—

Colt King Cobra es una pistola semiautomática que se introdujo por primera vez en la serie Colt King Cobra. Es un revólver de doble acción con capacidad para 8 o 6 cartuchos. El arma se ha producido desde 2006 y todavía está en producción en la actualidad.

El Colt King Cobra viene con un cañón de 5,5 pulgadas, que mide 0,41 pulgadas de diámetro en el extremo de la boca y 0,6 pulgadas en el extremo del cilindro. El cañón también tiene una nervadura profunda en su superficie, lo que ayuda a reducir el retroceso y el salto de boca al disparar.

El Colt King Cobra se puede utilizar para la caza, el tiro recreativo, la protección personal, el tiro de competición, el uso policial y más.

—

Colt M1877 es un revólver de acción simple que fue diseñado por Samuel Colt en 1877. Es uno de los revólveres más populares jamás fabricados y ha sido utilizado por muchas personas en todo el mundo para la caza y la protección personal.

Esta guía de Colt M1877 hablará sobre su diseño, historia y casos de uso. Esta guía también incluye una lista de otras armas de fuego similares a la Colt M1877.

El Colt M1877 fue diseñado en 1877 por Samuel Colt, un industrial, inventor e ingeniero estadounidense. Con su popularidad a lo largo de los años, se ha utilizado tanto para la protección personal como para la caza. El revólver a menudo se llama "el arma que ganó el oeste" porque se encontró en grandes cantidades en ambos lados de la frontera durante y después de la expansión occidental a nuevos territorios durante el período de expansión hacia el oeste de Estados Unidos en el siglo XIX. Es uno de los revólveres más populares jamás fabricados con más de 1 millón de unidades fabricadas en todo el mundo.

Colt M1878 fue un revólver militar de acción simple que se produjo entre 1878 y 1941. Tenía un cilindro de 6 tiros con un cartucho de percusión anular calibre .38.

Colt M1878 fue el primer modelo del revólver de cilindro giratorio de Colt, que se convirtió en el arma más famosa de la compañía.

El revólver Colt M1889 es un revólver de acción simple y seis disparos. Fue diseñado por Samuel Colt en 1889 y fue el primer diseño exitoso en utilizar cartuchos metálicos autónomos.

El Colt M1889 es uno de los revólveres más populares jamás fabricados, con más de 1 millón producidos. Ha sido utilizado por muchas personas famosas, incluidos Theodore Roosevelt, John Wayne y Clint Eastwood.

El Colt M1889 es un revólver de seis tiros que dispara munición .45 ACP con un cañón de acero y un armazón de latón. La pistola cuenta con una mira trasera ajustable y una correa de agarre a cuadros en el mango que también sirve como funda para la pistola cuando no está en uso.

Colt M1892 es un revólver de acción simple que fue producido originalmente por Colt. Fue el primer revólver producido en masa en los Estados Unidos y se fabricó entre 1884 y 1917.

En este artículo, veremos la historia de Colt M1892 y cómo se ha utilizado en películas. También exploraremos cómo se usa hoy en día, ya sea como objeto de colección o como arma.

El Colt M1892 es un revólver de acción simple que fue producido originalmente por Colt. Fue el primer revólver producido en masa en los Estados Unidos y se fabricó entre 1884 y 1917. En este artículo, veremos la historia del Colt M1892 y cómo se ha utilizado en películas. También exploraremos cómo se usa hoy en día, ya sea como objeto de colección o como arma.

—

La Colt Model 1905 Marine Corps fue la primera pistola semiautomática adoptada por el United States Marine Corps. Fue diseñado por John Moses Browning y fabricado entre 1905 y 1940.

—

El revólver de bolsillo modelo 1849 de Colt es un revólver de un solo disparo que fue diseñado por Samuel Colt en 1836. Fue el primer revólver en usar cartuchos de percusión anular, que reemplazó a los cartuchos de papel anteriores.

El revólver de bolsillo modelo 1849 de Colt fue una innovación estadounidense y ha estado en producción continua durante más de 150 años. Hoy en día, sigue siendo uno de los revólveres más populares jamás fabricados. Esta guía proporcionará una breve historia de esta icónica arma de fuego y cómo puede usarla hoy.

El Colt Model 1849 Pocket Revolver es un arma de fuego estadounidense icónica que ha estado en producción continua durante más de 150 años. Esta guía proporcionará una breve historia de esta icónica arma de fuego y cómo puede usarla hoy.

—

El Colt Model 1855 Sidehammer Pocket Revolver es un pequeño revólver de percusión de avancarga de un solo disparo que fue diseñado en 1855 por Samuel Colt y fabricado por Colt Manufacturing Company.

El revólver de martillo lateral es un tipo de revólver con un martillo que está ubicado en el costado del cilindro en lugar de en la parte superior como la mayoría de los revólveres. El martillo golpea un pasador que luego golpea una tapa que enciende la carga de pólvora en la cámara.

—

El revólver Colt Model 1862 Pocket Police es un revólver estadounidense de acción simple y apertura superior. Fue diseñado por Samuel Colt y producido entre 1855 y 1873.

El Colt Model 1862 Pocket Police es una opción popular entre los coleccionistas debido a su calidad y asequibilidad. Es un arma de fuego pequeña y liviana que cualquier persona puede manejar fácilmente.

—

El modelo Colt 1871-72 Open Top fue el primer revólver que se vendió comercialmente. Fue fabricado en 1871 y se convirtió en un arma popular de tiro al blanco.

Este revólver Colt también se conoce como Peacemaker. El nombre se deriva de su uso por los soldados estadounidenses durante la Guerra Civil estadounidense. El arma fue diseñada para abrirse fácilmente con una mano mientras se dispara con la otra mano, por lo que se hizo popular entre los soldados a caballo y los vaqueros en sus ocupaciones diarias.

El modelo Colt 1871-72 Open Top se ha utilizado en varias películas, programas de televisión y videojuegos, incluidos The Wild Bunch, Django Unchained, Tomb Raider III: Adventures of Lara Croft, Red Dead Redemption 2 y Call of Duty: Black Ops III. .

—

Colt es una de las marcas de armas de fuego líderes en el mundo. Es conocida por su calidad e innovación en la fabricación de armas de fuego. Colt New Line es uno de sus modelos más populares.

Colt New Line se introdujo en 1873 y ha sufrido muchos cambios a lo largo de los años. Fue diseñado para ser un revólver liviano que los civiles, soldados o agentes de la ley pueden transportar fácilmente.

El Colt New Line tiene un cañón de 4" con una capacidad de 12 rondas y pesa alrededor de 24 onzas sin municiones. Su peso lo hace fácil de transportar durante largos períodos de tiempo, lo que lo convierte en una opción ideal para viajes o actividades de ocio como acampar o viajes de caza.

—

Colt New Police Revolver es una nueva pistola de Colt. Es un arma potente y precisa que proporciona precisión y potencia en una sola arma de fuego.

Esta guía de Colt New Police Revolver le proporcionará toda la información que necesita saber sobre esta arma de fuego. Le ayudará a comprender las diferentes partes del arma, cómo funciona y qué la hace destacar de otras armas en el mercado.

El Colt New Police Revolver es una excelente opción para cualquier entusiasta de las armas de fuego que quiera tener una pistola potente y precisa que pueda acabar con cualquier objetivo con un solo disparo.

—

Colt New Service es un rifle fabricado por Colt Manufacturing Company en Hartford, Connecticut. Este rifle ha estado en uso desde el siglo XIX.

Colt New Service ofrece una serie de beneficios para el tirador, incluida la precisión y la durabilidad. Este rifle también es conocido por su confiabilidad debido al uso de un mecanismo de acción de cerrojo de un solo disparo.

Colt New Service se utilizó durante la Primera y la Segunda Guerra Mundial, lo que la convierte en una de las armas de fuego más utilizadas de todos los tiempos.

—

Colt Open Top Pocket Model Revolver es un arma de fuego que fue diseñada en 1873.

Colt Open Top Pocket Model Revolver es un arma de fuego que fue diseñada en 1873. Tiene un cilindro de 6 tiros y se puede usar tanto como revólver como de tiro único.

Un revólver modelo Colt Open Top Pocket es un arma de fuego icónica que ha sido utilizada por muchas figuras famosas de la historia, incluido el forajido más notorio del oeste americano, Jesse James.

—

La Policía oficial de Colt es un arma de fuego que fue diseñada e introducida por Colt en 1877. La pistola a menudo se conoce como "Colt .38".

La Colt Official Police es una pistola estadounidense clásica y ha estado en servicio durante más de 130 años. El arma ha sido utilizada por las fuerzas del orden de todo el mundo, pero sigue siendo popular entre los civiles que buscan un arma de fuego fiable.

El Colt Official Police es un revólver de fabricación estadounidense que fue producido por Colt desde 1877 hasta 1941, cuando cesó la producción debido a la Segunda Guerra Mundial. El arma estuvo en servicio durante la Guerra Hispanoamericana, la Primera Guerra Mundial, la Segunda Guerra Mundial y Vietnam.

—

Colt Paterson es un arma de fuego fabricada en 1836 por Samuel Colt. Es el primer revólver utilizado por el ejército estadounidense.

El Colt Paterson es un tipo de arma de fuego que se fabricó en 1836. Fue el primer revólver que utilizó el ejército estadounidense y se ha utilizado durante más de 150 años. Esta arma tiene sus propias características únicas, como su cilindro, que gira alrededor de un eje, y su muesca de seguridad que bloquea el martillo y evita la descarga accidental.

———

Esta pistola Colt Police Positive es una opción popular para llevarla oculta. Tiene un seguro ambidiestro y liberación del cargador, lo que lo hace fácil de usar con cualquier mano.

El Colt Police Positive es una opción popular para llevar oculto. Tiene un seguro ambidiestro y liberación del cargador, lo que lo hace fácil de usar con cualquier mano. La pistola también viene con un cargador de 10 rondas que está hecho de polímero y viene en colores negro o tierra oscuro.

———

Colt Police Positive Special es un revólver especial que utiliza un cartucho único. Se trata de un arma de fuego más pequeña y ligera, que pueden utilizar tanto los agentes del orden como los civiles.

El Colt Police Positive Special es un revólver que dispara el cartucho .22 LR, que utilizan las fuerzas del orden y los civiles para disparar animales pequeños. Ha sido probado con el FBI y personal militar para garantizar su precisión en situaciones de combate cuerpo a cuerpo.

El Colt Police Positive Special fue diseñado para agentes de la ley que necesitan que sus armas de fuego sean livianas, precisas y poderosas.

—

El Colt Python es un revólver que es popular en los Estados Unidos. Fue lanzado por primera vez en 1955 y se ha producido desde entonces.

El Colt Python es un revólver que se lanzó por primera vez en 1955 y se ha producido desde entonces. El arma es popular por su fiabilidad y precisión. Cuenta con un cilindro de 8 disparos con un cañón de 6 pulgadas. El arma también tiene un protector de gatillo, lo que facilita sujetarlo mientras dispara.

El Colt Python se puede usar para cazar, plinking, tiro al blanco, defensa personal o como arma de respaldo para los agentes del orden.

Colt Python es el revólver más popular entre los tiradores de todo el mundo debido a su fiabilidad y precisión.

—

Colt Trooper mk. III es una pistola semiautomática que viene con un marco de polímero, una empuñadura de seguridad de cola de castor integrada y un cañón forjado con martillo en frío.

El Colt Trooper Mk. III es una de las pistolas más populares entre las agencias de aplicación de la ley estadounidenses en los Estados Unidos. Ha sido utilizado por varios departamentos de policía de todo el mundo y también se ha utilizado en numerosas películas y programas de televisión, así como en operaciones militares.

El Colt Trooper Mk. III se introdujo en 1980 para reemplazar la pistola M1911A1 que había estado en uso desde 1911.

—

Este revólver Colt Single Action Army es el arma de vaquero por excelencia. Fue famoso por personas como John Wayne y Gary Cooper. El arma se ha producido en varios calibres, incluidos .45 Colt, .38-40 Winchester, .357 Magnum y .22 LR.

El revólver Colt Single Action Army es una de las armas de fuego más icónicas jamás fabricadas. Fue famoso por John Wayne y Gary Cooper en sus películas. Se ha producido en varios calibres, incluidos .45 Colt, .38-40 Winchester, .357 Magnum y una adición más reciente a la lista: un nuevo calibre llamado Luger Parabellum de 9 mm que ahora se fabrica solo para uso policial.

El revólver Colt Single Action Army ha existido desde 1873 cuando se lanzó por primera vez al público como un arma de fuego de percusión de avancarga de un solo disparo con un cilindro giratorio que contenía seis rondas de municiones.

—

Colt es una empresa que fabrica armas de fuego desde hace más de 200 años. El Colt Trooper es uno de sus modelos más populares y ha estado en producción desde 1982.

La Colt Trooper es una pistola semiautomática que dispara cartuchos Magnum .357. Está hecho con un tobogán de acero inoxidable, un marco de aleación y paneles de agarre de goma. Tiene una palanca de seguridad y desarmado ambidiestra en el lado izquierdo del marco. No hay dispositivos de seguridad externos en esta pistola, pero tiene un bloqueo de percutor para evitar descargas accidentales.

El Colt Trooper es perfecto para la defensa personal o como arma de fuego de respaldo para los agentes del orden o el personal de seguridad.

—

Colt Walker es una pistola popular que muchas personas utilizan para la caza, la defensa personal y el tiro al blanco. Fue introducido en 1847 y ha sido mejorado en cada generación.

Colt Walker es un arma de fuego increíble que ofrece las mejores características de un rifle con el peso de una pistola. Viene con un barril de 4 pulgadas y es fácil de transportar. También tiene un marco de aleación que hace que esta pistola sea liviana pero resistente.

El Colt Walker ha sido utilizado por muchas personas en diferentes países para diferentes propósitos, como la caza, la autodefensa, el tiro al blanco o la recolección.

—

La FN Barracuda es una pistola semiautomática producida por el fabricante de armas belga Fabrique Nationale. Fue introducido en 1986 y ha estado en producción desde entonces.

El FN Barracuda es de doble acción con un botón de liberación del cargador integral y un seguro para el pulgar. El guardamonte está cuadrado para permitir su uso con guantes.

—

En los EE. UU. existen muchas leyes y reglamentos que rigen las armas de fuego. Estas leyes han estado vigentes durante décadas y cambian constantemente. Como resultado, es difícil incluso para un propietario de armas experimentado saber lo que debe hacer para cumplir con estas leyes.

—

Este artículo trata sobre el revólver García-Reynoso, un arma de fuego que se produce desde 1883. Es una pistola de doble acción de seis disparos con acción de frenado.

El revólver García-Reynoso fue diseñado por Juan Manuel García y fue producido por la empresa del mismo nombre hasta que quebró en 1979. El revólver ha estado en producción desde entonces, y todavía se fabrican varios modelos en la actualidad.

—

El revólver Guard es un arma de fuego que fue desarrollada con el propósito de defensa personal. Tiene un cañón de 3" con miras fijas y un acabado azulado.

El revólver Guard es uno de los revólveres más populares en el mercado hoy en día, por lo que no sorprende que haya muchas variaciones en este modelo. Algunas de estas variaciones incluyen Ruger GP100, Smith & Wesson 686 y Colt Python.

El revólver fue diseñado para usarse como arma de defensa personal, pero algunas personas le han encontrado otros usos, como la caza, el tiro al blanco e incluso el porte oculto.

—

El revólver IOF .22 es un arma popular que ha sido utilizada por el ejército israelí durante décadas. Tiene un tamaño pequeño y es ligero de peso.

El revólver IOF .22 es un arma popular que ha sido utilizada por el ejército israelí durante décadas. Tiene un tamaño pequeño y es ligero de peso. El revólver IOF .22 se puede comprar en muchos lugares diferentes, pero debe asegurarse de comprarlo en un distribuidor de confianza para evitar problemas con el arma de fuego.

El revólver IOF .22 es una de las armas más populares del mercado porque se puede comprar por menos de $100 y su diseño liviano hace que sea fácil de transportar durante todo el día.

—

El JTL-E .500 S&W Magnum 12" es un revólver resistente diseñado para la caza y la autodefensa.

La JTL-E .500 S&W Magnum 12" es una poderosa pistola que puede disparar hasta 500 disparos por minuto. Tiene un riel debajo del cañón de longitud completa y una mira trasera ajustable.

El JTL-E .500 S&W Magnum 12" fue diseñado con la intención de ser preciso, fiable y potente.

—

El revólver patentado de Kerr fue fabricado por Samuel Kerr en 1851. Este revólver es la primera pistola giratoria del mundo. Era un arma de avancarga de múltiples cañones que usaba casquillos de percusión y cartuchos de papel.

El revólver patentado de Kerr es un arma de fuego icónica que ha sido utilizada por algunas de las figuras más famosas de la historia estadounidense, incluidos John Brown y Jesse James.

El revólver patentado de Kerr se fabricó para uso en combate militar o para caza en una época en que las armas no estaban comúnmente disponibles para los civiles.

—

El revólver Tipo 26 es un revólver británico de doble acción y seis tiros con un cilindro basculante, fabricado por Webley & Scott en Birmingham.

El Tipo 26 es el arma estándar de las Fuerzas Armadas Británicas y también es popular para uso civil.

En este artículo, hablaremos sobre la historia del revólver Tipo 26 y cómo se ha utilizado en diferentes conflictos a lo largo de su vida útil.

—

Este artículo es una guía para las personas que buscan comprar un revólver. Incluye toda la información que necesita saber, desde los diferentes tipos de revólveres hasta cómo funcionan y qué características debe buscar en su próxima arma.

El revólver es una de las armas de fuego más populares del mundo. Ha existido desde 1836 y ha visto muchos cambios a lo largo del tiempo. El revólver fue diseñado como un arma autoamartillada con varias cámaras que podían cargarse con rondas o cartuchos individuales a la vez.

—

El revólver LeMat es una de las armas de fuego más famosas de la historia. Fue inventado por Jean François Le Mat, un francés que vivió a principios del siglo XIX y es conocido como el padre de las armas de fuego modernas.

El revólver LeMat se hizo popular entre las unidades militares, las fuerzas del orden y los civiles debido a su tamaño compacto y su potente cartucho.

—

El Reichsrevolver M1879 es un revólver alemán que se entregó a las tropas alemanas durante la Primera Guerra Mundial. Fue diseñado por Georg Luger y fabricado por la empresa de armas alemana Mauser.

El Reichsrevolver M1879 es un revólver alemán que se entregó a las tropas alemanas durante la Primera Guerra Mundial. Fue diseñado por Georg Luger y fabricado por la empresa de armas alemana Mauser. El M1879 tenía una acción simple, con capacidad para seis rondas, y podía cargarse con cartuchos de calibre .32 o .38.

—

El revólver M1917 fue el arma estándar del ejército de los Estados Unidos desde 1917 hasta 1957.

Fue diseñado por John Browning, un maestro armero e inventor de muchas armas de fuego, incluida la pistola Colt 1911.

El revólver M1917 es un arma de fuego simple y confiable con un diseño bien construido. Se ha utilizado en muchas guerras y conflictos en todo el mundo, incluidas la Primera Guerra Mundial y la Segunda Guerra Mundial.

—

Esta es una guía de armas para principiantes. Es más fácil de entender y proporciona información sobre cómo usar el arma, de qué es capaz y cómo mantenerla.

La Magnum Research BFR es una pistola semiautomática que fue diseñada teniendo en cuenta la función pura. Con esta pistola, puede disparar 12 rondas por segundo sin atascos ni fallos de encendido. También tiene una revista de liberación rápida que le permite recargar rápida y fácilmente.

—

Manurhin MR 73 es una pistola semiautomática con armazón de polímero y corredera metálica. Tiene una longitud total de 8,1 pulgadas, que es más corta que la mayoría de las pistolas de su clase.

Manurhin MR 73 es una pistola semiautomática con armazón de polímero y corredera metálica. Tiene una longitud total de 8,1 pulgadas, que es más corta que la mayoría de las pistolas de su clase. Esta arma se puede utilizar para tiro al blanco o para la caza de animales pequeños como conejos o ardillas.

—

El revólver MAS 1873 Chamelot-Delvigne es un revólver abierto de acción simple que fue diseñado por Jean-Baptiste Charpentier y Joseph Montigny en Francia. Fue uno de los primeros revólveres fabricados en serie con un cilindro de seis tiros.

El revólver MAS 1873 Chamelot-Delvigne es un arma de fuego que se ha utilizado en muchas funciones diferentes, incluso como arma policial para los agentes del orden y como arma militar para los soldados.

—

Mateba Autorevolver es una pistola semiautomática subcompacta de doble acción. Fue creado en Italia por Gianni Beretta en la década de 1980.

El Autorevolver Mateba fue diseñado originalmente para ser un arma de defensa personal para mujeres. Tiene un alcance corto de unos 10 metros y puede disparar dos rondas antes de recargar.

Mateba Autorevolver es un arma simple que ha sido utilizada por muchas personas en Europa y América, así como en otros países del mundo.

—

Modèle 1892 revolver. El revólver modelo 1892 es un revólver top-break de acción simple y seis disparos diseñado y fabricado por Colt. Es el brazo lateral estándar de las Fuerzas Armadas de los Estados Unidos.

El revólver Modelo 1892 era popular entre los ganaderos y vaqueros por su fiabilidad y facilidad de uso. El Modelo 1892 también se usó en la Guerra Hispanoamericana, la Guerra Filipino-Estadounidense y la Rebelión de los Bóxers.

Esta guía le brindará información sobre cómo cuidar su arma, cómo usarla de manera efectiva y cómo evitar errores comunes que pueden provocar accidentes.

—

Nagant es un revólver ruso. Fue diseñado por Georgi Nagant en 1895 y adoptado por el Ejército Imperial Ruso en 1894.

Nagant es uno de los revólveres más populares de la historia y algunos lo consideran el primer verdadero revólver de combate. También tiene una gran cantidad de historia detrás y ha sido utilizado por muchas figuras notables a lo largo de la historia, incluidos John Browning, Mikhail Kalashnikov y Fredrick Winslow Taylor.

—

El Nagant wz. 30 es una de las armas de fuego más icónicas que ha existido durante más de un siglo. Es un revólver de acción simple de pequeño calibre con calibre 5,6 mm, cañón de 1,5" y capacidad para 6 cartuchos.

El Nagant wz. 30 fue diseñado para ser un arma de mano para los oficiales de la Guardia Imperial del Zar y fue utilizado por primera vez en 1905 por oficiales del ejército ruso durante la Guerra Ruso-Japonesa de 1904-1905

Nagant wz. 30 es una de las armas de fuego más icónicas que existe desde hace más de un siglo y todavía se usa en algunos países como Rusia, Serbia, Eslovaquia, China y Estonia.

—

El revólver policial NRP9 es una pistola semiautomática de recámara bloqueada que funciona con gas fabricada por Heckler & Koch.

El revólver policial NRP9 es un arma poderosa que se puede usar en una situación de emergencia. Tiene una capacidad de 18 rondas y dispara a una velocidad de 900 rondas por minuto. El arma es liviana pero tiene un cañón largo para garantizar la precisión al disparar.

Una guía sobre armas de fuego puede ser útil para las personas que no están familiarizadas con las armas de fuego o tienen conocimientos limitados sobre ellas. La guía ayudará a las personas a aprender más sobre el arma y cómo usarla de manera efectiva en caso de una situación de emergencia.

—

El OTs-38 es un revólver silencioso que utiliza un cartucho .380 ACP. Fue desarrollado por la Unión Soviética en 1938 y todavía se usa en la actualidad.

Esta arma de fuego tiene muchas características que la hacen ideal para operaciones encubiertas, incluido su bajo nivel de ruido y peso ligero. La OTs-38 es una de las armas más populares en Rusia y ha sido utilizada por las fuerzas policiales de todo el mundo.

OTs-38 Stechkin revólver pistola silenciosa, guía de armas de fuego

—

El revólver Pfeifer Zeliska .600 Nitro Express es uno de los revólveres más potentes. Tiene un gran calibre y alta velocidad de boca.

El revólver Pfeifer Zeliska .600 Nitro Express es uno de los revólveres más potentes que se pueden utilizar para la caza, el tiro al blanco y la autodefensa. El revólver tiene un gran calibre y una alta velocidad de salida. Fue diseñado para disparar cartuchos con pólvora nitro, que proporciona velocidades más altas que la pólvora negra.

—

La Medusa Model 47 es una pistola semiautomática. Fue diseñado para uso policial y militar. El modelo 47 tiene un diseño único que incluye un cañón intercambiable y se puede utilizar en diferentes configuraciones.

La Medusa Model 47 no es la única arma de fuego con un diseño único que se puede utilizar en diferentes configuraciones. Hay muchas otras armas de fuego que también tienen cañones intercambiables y se pueden usar en diferentes configuraciones, como la Glock 17, la HK USP 40 y el rifle M16A4.

—

El Pirlot Brothers Ordonnanzrevolver 1872 es un revólver de fabricación alemana diseñado por Wilhelm Pirlot en 1872. Se fabricó hasta 1945 y fue el primer revólver autoamartillado en usar un martillo oculto.

El Ordonnanzrevolver 1872 es un arma de fuego icónica que se ha utilizado en numerosas obras de ficción y películas como The Wild Bunch, The Good, the Bad, and the Ugly y Hunt for Red October.

—

El Reichsrevolver M1879 y M1883 fueron dos revólveres utilizados por el ejército alemán. Fueron producidos por Mauser y diseñados para ser efectivos en combate cuerpo a cuerpo.

El Reichsrevolver fue un arma de mano estándar para el ejército alemán desde 1889 hasta 1912. Estaba destinado a usarse contra la caballería, pero su diseño lo hizo inadecuado para este propósito.

El Reichsrevolver se entregó a oficiales y suboficiales del ejército prusiano, así como a miembros del ejército bávaro y otras unidades dentro del imperio alemán.

—

Ruger Blackhawk es una pistola semiautomática que es popular entre los cazadores y tiradores. Es un rifle calibre .50 con un cañón de 4,5 pulgadas y pesa más de 5 libras.

Ruger Blackhawk ha sido popular durante décadas por su diseño resistente, confiabilidad y precisión. El arma fue diseñada para fines de caza, pero también ha encontrado uso en el trabajo de aplicación de la ley debido a su precisión y poder de frenado.

—

El Ruger GP100 es un revólver de doble acción con cámara .357 Magnum. Fue diseñado por Bill Ruger e introducido en 1955.

El Ruger GP100 es un revólver de doble acción. Tiene un cilindro de 8 disparos y un cañón de cuatro pulgadas con una longitud total de 6 pulgadas. El arma de fuego pesa 2 libras y puede disparar rondas Magnum .357 a una velocidad de 1,200 pies por segundo.

Es un arma popular para porte oculto, defensa doméstica, caza o tiro al blanco porque tiene un retroceso bajo para disparos de seguimiento rápidos.

—

Ruger LCR es una pistola semiautomática con armazón y cañón de polímero. Está diseñado para ser liviano y fácil de transportar.

El Ruger LCR es una opción perfecta para llevar oculto. Tiene una longitud total de 6,1 pulgadas, una altura de 4,9 pulgadas y pesa poco más de 20 oz con un peso descargado de 22 oz.

—

El revólver Ruger Redhawk es una poderosa pistola que existe desde la década de 1980. Es un revólver de doble acción y seis tiros que tiene un cañón de 6,5 pulgadas.

La pistola Ruger Redhawk es una de las pistolas más populares del mercado y existe desde la década de 1980. El arma tiene un marco de aluminio y un cañón de acero al carbono con una longitud de 6,5 pulgadas, lo que la hace adecuada para la caza y el tiro al blanco.

Ruger Redhawk es también una de las pistolas más poderosas del mercado con su cartucho magnum .44 que puede disparar hasta 500 pies por segundo (fps).

—

Este artículo trata sobre Ruger Security Six. Es un revólver .22LR de seis disparos que se introdujo en 2005 y cuenta con un botón de desarme.

El Security Six tiene un martillo interno y un sistema de seguridad de barra de transferencia que evita descargas accidentales. La longitud del cañón es de 1,8 pulgadas y la longitud total es de 6 pulgadas. Pesa poco más de 12 onzas con una capacidad de cargador de seis rondas.

El Ruger Security Six fue diseñado para tiradores recreativos y aquellos que necesitan llevarlo oculto en su persona.

—

Ruger Single-Six es un revólver fabricado por Sturm, Ruger & Co. Ha existido desde 1949.

Ruger Single-Six es un revólver que se puede usar para tiro al blanco, caza y defensa personal. Tiene una longitud total de 8 pulgadas, una longitud de barril de 4 pulgadas y pesa 26 onzas. El cilindro tiene capacidad para seis rondas en total y cada cámara tiene cinco rondas.

—

La Ruger SP101 es una pistola de tamaño mediano fácil de manejar que es ideal para llevar oculta. Es fiable, preciso y tiene un retroceso bajo para el tirador.

—

El Ruger Super Redhawk es un revólver de marco grande que se puede usar para la caza, la defensa personal y la competencia. Tiene un cañón de 8" con un cilindro de 6 disparos.

Esta guía le enseñará sobre Ruger Super Redhawk, de qué es capaz y cómo usarlo mejor.

El Ruger Super Redhawk es un revólver de marco grande que se puede usar para la caza, la defensa personal y la competencia. Tiene un cañón de 8" con un cilindro de 6 disparos. Esta guía le enseñará sobre Ruger Super Redhawk, de qué es capaz y cómo usarlo mejor.

—

El .38 Single Action fue uno de los primeros revólveres desarrollado por Smith & Wesson a fines del siglo XIX. Es el primer revólver que usa un cilindro basculante y fue ampliamente utilizado por las fuerzas del orden, delincuentes y civiles por igual.

El .38 Single Action es un revólver de doble acción que dispara con solo apretar el gatillo. Tiene un martillo expuesto y un cañón corto con una longitud total de 7 pulgadas. Fue diseñado para el combate cuerpo a cuerpo, pero todavía es popular hoy en día como arma de mano oculta debido a su peso ligero y retroceso mínimo.

—

La Smith & Wesson .38/44 es un arma de fuego que se ha utilizado para protección y defensa personal durante más de 100 años. Originalmente fue diseñado para ser un revólver, pero esta arma de fuego también puede usarse como una pistola semiautomática.

La Smith & Wesson .38/44 es un arma de fuego que se ha utilizado para protección y defensa personal durante más de 100 años. Originalmente fue diseñado para ser un revólver, pero esta arma de fuego también puede usarse como una pistola semiautomática.

La Smith & Wesson .38/44 es ampliamente considerada como una de las mejores armas de fuego del mercado actual. La pistola cuenta con un marco de aleación de aluminio, lo que la hace liviana y duradera. El gatillo de doble acción permite disparos de seguimiento rápidos y recarga fácil.

—

Smith & Wesson Bodyguard es una pistola diseñada para protección personal. Es una pistola semiautomática con marco de polímero, un cargador de 18 rondas y un sistema de mira de 3 puntos.

Smith & Wesson Bodyguard es una de las armas de fuego más populares en los Estados Unidos. Ha estado en producción durante más de dos décadas y ha sido clasificada constantemente como una de las mejores armas del mercado.

La Smith & Wesson Bodyguard es una pistola semiautomática con armazón de polímero, cargador de 18 rondas y sistema de mira de 3 puntos.

—

Smith & Wesson Centennial es una pistola semiautomática que se lanzó en 2017. Es un arma de fuego fabricada en Estados Unidos que tiene muchas características y beneficios para el tirador.

Smith & Wesson Centennial es un arma de fuego de fabricación estadounidense que tiene muchas características y beneficios para el tirador. Es una pistola semiautomática con mucho peso, lo que ayuda a que sea más estable a la hora de disparar. La compañía también afirma que el arma puede disparar al menos 20 rondas por segundo sin atascarse o fallar.

El Smith & Wesson Centennial tiene muchas características y beneficios para el tirador, incluida la gran capacidad del cargador y la alta velocidad inicial.

—

Smith & Wesson Governor es una pistola que ha sido utilizada por el ejército de los EE. UU. desde 1875 y todavía se usa en la actualidad. El arma fue diseñada para el combate a corta distancia y tiene una larga historia de uso en los Estados Unidos.

Smith & Wesson Governor es una de las pistolas más poderosas del mercado, con un cartucho .500 S&W Magnum que puede penetrar hasta 12 pulgadas de gelatina balística. El Gobernador presenta un diseño de revólver de doble acción con un martillo y un cilindro expuestos para permitir una fácil recarga durante situaciones de combate. El Gobernador también cuenta con un seguro ambidiestro, que permite un fácil uso para los tiradores zurdos, así como para los tiradores diestros que usan guantes o usan una mano de apoyo para estabilizar el agarre del arma durante el disparo.

La Governor es una de las pistolas más populares de Smith & Wesson y ha sido utilizada por agentes del orden público de todo el país desde su lanzamiento en 1875, incluidos miembros de equipos SWAT, FBI

—

Smith & Wesson Ladysmith es una pistola semiautomática que está diseñada para ser cómoda y fácil de usar para principiantes. Viene en una variedad de colores y tiene un agarre ergonómico.

Smith & Wesson Ladysmith es una pistola semiautomática que está diseñada para ser cómoda y fácil de usar para principiantes. Viene en una variedad de colores y tiene un agarre ergonómico. La pistola también tiene piezas intercambiables para que pueda personalizarse según las necesidades del usuario.

—

Smith & Wesson Model 1 es un revólver que fue diseñado por el fabricante estadounidense de armas de fuego Smith

& Wesson. Es uno de los modelos más antiguos de revólveres aún en producción.

El Model 1 se fabricó entre 1875 y 1985 y su diseño se ha mejorado varias veces a lo largo de los años. El arma originalmente tenía recámara para .22 Long Rifle, pero en 1878 estuvo disponible en .22 Short, seguida de .32 S&W y luego .38 S&W.

El Smith & Wesson Model 1 fue utilizado como arma de fuego por el Servicio Secreto de los Estados Unidos entre 1875 y 1985.

—

Smith & Wesson Model 1 1/2 es una pistola fabricada por Smith & Wesson. Fue el primer revólver de cartucho que se produjo en cantidad.

—

Smith & Wesson Model 3 es una pistola semiautomática. Es una pistola ligera, compacta y fácil de usar con cargador de alta capacidad. Smith & Wesson Model 637 es una pistola semiautomática. Es una pistola ligera, compacta y fácil de usar con un cargador de gran capacidad.

—

Esta guía es para aquellos que quieren comprar un arma de fuego. Incluye información sobre el S&W Model 10, el revólver más popular de todos los tiempos. Esta guía también incluye información sobre cómo comprar un arma de fuego y cómo usarla de manera segura.

El Smith & Wesson Model 10 es uno de los revólveres más populares de todos los tiempos. Se introdujo por primera vez en 1950 y desde entonces ha sido utilizado por muchas agencias de aplicación de la ley en todo el mundo. La popularidad del Model 10 se puede atribuir a su confiabilidad, precisión y facilidad de uso.

El Smith & Wesson Modelo 10 es un revólver semiautomático que emplea un cilindro con capacidad para seis rondas con un percutor y un percutor expuestos en la parte trasera del cilindro que golpea un percutor de inercia montado frente al protector del gatillo en cada recámara. a medida que gira en posición para disparar. Cuando se dispara, este percutor de inercia golpea un cebador de cartucho vacío ubicado frente a él, que detona el cebador del cartucho y provoca la ignición de la pólvora en el cartucho. Un percutor es un objeto de metal que forma parte de un arma de fuego que provoca la detonación del propulsor en un cartucho cuando golpea un cebador interno, que enciende el propulsor y crea presión de gas para expulsar el cartucho disparado y recámara otra ronda. El modelo 10 de Smith & Wesson cuenta con un martillo externo sobre su cilindro. Cuando está amartillado, puede servir como un dispositivo de seguridad manual, que evita disparar cuando no hay presión en el gatillo.

—

El Smith & Wesson Model 12 es un revólver diseñado por John M. Browning en 1899. Es un revólver de doble acción y seis disparos con un cilindro giratorio y una longitud total de 7,5 pulgadas.

El Smith & Wesson Model 12 es un revólver de doble acción y seis disparos con un cilindro basculante y una longitud total de 7,5 pulgadas. El Modelo 12 se produjo originalmente para el ejército de los Estados Unidos entre 1899 y 1935 antes de ser descontinuado a favor de armas más modernas como la pistola M1911.

—

El Smith & Wesson Modelo 13 es uno de los revólveres más populares de Estados Unidos. Fue diseñado para ser utilizado por personal policial y militar.

El Smith & Wesson Model 13 es un revólver de doble acción diseñado para personal militar y policial. Tiene un cañón de seis pulgadas, miras fijas y una capacidad de 8 rondas. El arma se usa a menudo para llevarla oculta, pero también se puede utilizar como arma de defensa doméstica debido a su pequeño tamaño.

—

Smith & Wesson Model 14 es un revólver fabricado por Smith & Wesson, una empresa con sede en Springfield, Massachusetts. Este revólver se introdujo por primera vez en 1899 y se fabricó hasta 1983.

El modelo 14 de Smith & Wesson es uno de los revólveres más populares jamás fabricados. A menudo se usa como una imagen icónica en películas y programas de televisión, como The Magnificent Seven y el programa de televisión Breaking Bad.

—

La Smith & Wesson Modelo 15 es una pistola semiautomática que se introdujo en 1955. Es el revólver calibre .38 más pequeño y liviano de la compañía.

Smith & Wesson Modelo 15 es una excelente opción para llevar oculto. Se puede ocultar debajo de un abrigo, una chaqueta o cualquier otra cosa que se te ocurra. Si está buscando un arma que no solo lo ayude a protegerse, sino que también le sirva para llevar todos los días, esta es el arma que debe comprar.

El modelo 15 de Smith & Wesson ha existido durante más de 60 años y sigue siendo una de las armas más populares en Estados Unidos.

—

Smith & Wesson Model 17 es un revólver popular que usa mucha gente. Se hizo en 1876 y se suspendió en 1940.

El Smith & Wesson Model 17 es un revólver de percusión anular calibre .22 con un cilindro de 8 tiros. Tiene un cilindro basculante y gatillo de doble acción. Es bien conocida por su precisión y fiabilidad, lo que la convierte en un arma de fuego ideal para defensa personal o tiro al blanco.

Smith & Wesson Model 17 fue diseñado con la intención de mejorar el Colt Paterson, que se fabricaba desde 1836. El nuevo diseño aumentó la potencia del cartucho de .22 Short a .22 Long Rifle, lo que permitió una mayor precisión y rapidez. tiempo de recarga que los revólveres anteriores de este calibre.

—

El Smith & Wesson Model 19 es un revólver que se fabricó por primera vez en 1899. Es una pistola de doble acción, seis disparos, calibre .357 Magnum con un martillo expuesto.

Esta arma ha sido utilizada por las fuerzas del orden y civiles por igual durante décadas. Todavía está en producción hoy y se puede encontrar en muchas tiendas de artículos deportivos, armerías y minoristas en línea.

Smith & Wesson Model 19 es un revólver que se fabricó por primera vez en 1899. Es una pistola de doble acción, seis disparos, calibre .357 Magnum con un martillo expuesto. Esta arma ha sido utilizada por las fuerzas del orden y civiles por igual durante décadas. Todavía está en producción hoy y se puede encontrar en muchas tiendas de artículos deportivos, armerías y minoristas en línea.

—

El modelo 22 de Smith & Wesson es una pistola semiautomática que se introdujo en 1935. Tiene una capacidad de 10 rondas y tiene una recámara para munición de rifle largo .22.

El modelo 22 de Smith & Wesson es el modelo más popular de pistolas Smith & Wesson en el mercado. La pistola está diseñada para ser simple, fácil de usar y duradera. Ha sido utilizado por agentes de la ley y civiles por igual durante más de 70 años.

La popularidad del arma proviene de su confiabilidad, simplicidad y precisión. El Modelo 22 también se utilizó en la película "Harry el Sucio".

—

Smith & Wesson Model 27 es una pistola semiautomática fabricada por Smith & Wesson. Fue introducido en 1955 como el primer revólver de doble acción de la compañía.

La Smith & Wesson Model 27 es una pistola semiautomática fabricada por Smith & Wesson. Fue introducido en 1955 como el primer revólver de doble acción de la compañía. El modelo 27 se ha ofrecido en calibres .38 Special, .357 Magnum y .44 Magnum, con una variedad de longitudes de cañón y opciones de mira disponibles para cada calibre.

El modelo 27 de Smith & Wesson es uno de los revólveres más populares del mercado actual. Ha sido utilizado por los organismos encargados de hacer cumplir la ley en todo Estados Unidos desde su introducción y sigue siendo una opción asequible para aquellos que buscan comprar un arma de fuego de calidad sin salirse de su presupuesto.

—

Smith & Wesson Model 28 es un revólver icónico que existe desde la década de 1930. Es un revólver de seis tiros con un cañón de 4 pulgadas, recámara en .357 Magnum.

El Smith & Wesson Modelo 28 es un revólver icónico que existe desde la década de 1930. Es un revólver de seis tiros con un cañón de 4 pulgadas, recámara en .357 Magnum. El modelo 28 de Smith & Wesson fue utilizado por unidades militares y policiales durante la Segunda Guerra Mundial, y en 1950 se convirtió en el arma de fuego estándar para los agentes de la Patrulla Fronteriza de EE. UU.

Smith & Wesson Model 28 es un revólver icónico que existe desde la década de 1930. Es un revólver de seis tiros con un cañón de 4 pulgadas, recámara en .357 Magnum. El modelo 28 de Smith & Wesson fue utilizado por unidades militares y policiales durante la Segunda Guerra Mundial, y en 1950 se convirtió en el arma de fuego estándar para los agentes de la Patrulla Fronteriza de EE. UU.

—

Esta guía es una mirada completa al modelo 29 de Smith & Wesson, una pistola icónica que se ha utilizado en innumerables películas y programas de televisión.

El modelo 29 de Smith & Wesson es una pistola icónica que se ha utilizado en innumerables películas y programas de televisión. Esta guía repasa su historia, especificaciones y usos. . La Smith & Wesson Modelo 29 es una pistola icónica que se ha utilizado en innumerables películas y programas de televisión, sobre todo en la película Die Hard de la década de 1980. Esta guía repasa su historia, especificaciones y usos. Historia del modelo 29 de Smith & Wesson El primer Modelo 29 fue fabricado en 1959 por Smith & Wesson por $225 y venía con un cañón de 6 pulgadas. En 1960, este modelo fue rediseñado para tener recámara para rondas Magnum .44 que eran más poderosos y más adecuados para la caza. En 1982, el .44 Magnum se cambió a .44 Special, ya que era menos probable que atravesara la armadura de la policía. Especificaciones y usos de Smith & Wesson El modelo 29 tiene un cañón de 6 pulgadas y puede contener seis rondas en la capacidad de su cargador. Esta pistola tiene una longitud total de 12¼ pulgadas y pesa 1¾ libras con un peso vacío de 1 libra y 2 onzas. El modelo 29 es un doble -acción/pistola de acción simple y tiene un mecanismo de bloqueo que tarda 3,6 segundos en completar su primer disparo. Esta arma se puede usar con ambas manos debido a su diseño ambidiestro y está ampliamente disponible para su compra en los Estados Unidos en . El Modelo 29 es una pistola icónica que se ha utilizado en innumerables películas y programas de televisión, sobre todo en la película Die Hard de la década de 1980. Esta guía repasa su historia, especificaciones y usos. Historia del Smith &

—

Una pistola de kit Smith & Wesson Modelo 317 es un tipo de arma de fuego que se puede ensamblar en minutos. La pistola tiene un marco de polímero y una empuñadura antideslizante con una mira trasera ajustable y una mira delantera.

Esta guía lo guiará a través de los pasos para ensamblar su propia pistola de kit Smith & Wesson Modelo 317. Cubriremos las piezas, herramientas y materiales necesarios para ensamblar su nueva arma de fuego.

Ensamblar armas de fuego puede ser difícil para principiantes o para aquellos que no están familiarizados con las armas, por lo que hemos incluido algunos consejos útiles para facilitar el proceso.

—

Smith & Wesson Modelo 36 es un revólver que fue diseñado en 1936. Es un revólver de doble acción de 6 disparos con un martillo expuesto. El revólver puede disparar rondas .38 Special, .357 Magnum y .22 LR.

En este artículo, revisaremos el revólver modelo 36 de Smith & Wesson y sus accesorios. También proporcionaremos algunos consejos sobre cómo usarlo de manera adecuada y segura.

El Smith & Wesson Modelo 36 fue diseñado en 1936 como un revólver de doble acción de seis disparos con un martillo expuesto para disparar rondas .38 Special, .357 Magnum y .22 LR. Es la herramienta perfecta para la caza o la práctica de tiro por su precisión y potencia. El arma ha sido utilizada por las fuerzas del orden y por civiles durante muchos años y se ha fabricado de forma continua desde 1857, lo que la convierte en uno de los fabricantes de armas de fuego más antiguos de Estados Unidos. El arma es conocida por su fiabilidad y facilidad de uso.

—

El modelo 327PD de Smith & Wesson es una pistola semiautomática que suelen utilizar los organismos encargados de hacer cumplir la ley. Tiene un cañón de 3.5 ", miras fijas y una capacidad de cargador de 12 rondas.

El modelo 327PD de Smith & Wesson es una pistola semiautomática que suelen utilizar los organismos encargados de hacer cumplir la ley. Tiene un cañón de 3.5 ", miras fijas y una capacidad de cargador de 12 rondas.

Esta arma fue diseñada para el ejército y luego fue adoptada por los departamentos de policía de los Estados Unidos como su arma de fuego estándar en 1967 después de extensas pruebas sobre su rendimiento y precisión en diversas condiciones.

El modelo 327PD de Smith & Wesson se puede encontrar en muchas configuraciones diferentes según el modelo que desee comprar o alquilar en un minorista en línea como Walmart o Sportsman's Warehouse.

—

Smith & Wesson Model 340PD es un revólver semiautomático de doble acción. Tiene una capacidad de 6 rondas y dispara munición .357 Magnum.

Smith & Wesson Model 340PD es un revólver semiautomático de doble acción. Tiene una capacidad de 6 rondas y dispara munición .357 Magnum. El modelo 340PD de Smith & Wesson es el revólver más popular para los organismos encargados de hacer cumplir la ley en los Estados Unidos y Canadá.

El Smith & Wesson Model 340PD se introdujo en 2006 y reemplazó al Smith & Wesson Model 36 con cámara en calibre .38 Special +P con un nuevo diseño que incorporó características de ambos revólveres: un martillo expuesto y un marco externo con rieles para montar láseres o luces.
.

—

Smith & Wesson Model 460XVR es una pistola semiautomática diseñada para la caza y el tiro al blanco. Tiene un cañón de 6 pulgadas y viene con una mira trasera ajustable, protector de gatillo mejorado y un riel Picatinny.

—

Esta introducción trata sobre una guía de armas de fuego. Es un ejemplo de cómo un asistente de escritura de IA puede ayudar a los humanos a generar contenido.

Smith & Wesson Model 500 es un revólver de doble acción que dispara el cartucho .500 S&W Magnum. Fue diseñado en 1956 por Rollin Smith y Bill Jordan, quien luego se convirtió en presidente de la compañía. El Modelo 500 se ha producido en varias versiones desde entonces, pero sigue siendo uno de los revólveres más populares en el mercado hoy en día debido a su fiabilidad y precisión.

El revólver Smith & Wesson Model 500 se ha utilizado en una amplia variedad de películas, programas de televisión y videojuegos a lo largo de los años, incluidas películas como "The Wild Bunch", "Django Unchained" y "Lone Survivor".

—

Smith & Wesson Model 586 es una pistola semiautomática que se fabricó en la década de 1980. Es una opción popular para llevar oculto.

Smith & Wesson Model 586 es una pistola semiautomática que se fabricó en la década de 1980. Es una opción popular para llevar oculto y tiene una capacidad de cargador de 8 rondas.

Esta arma de fuego se ha utilizado en varias escenas del crimen y se usó en el tiroteo de la excongresista Gabrielle Giffords.

—

El revólver Smith & Wesson Model 57 es un revólver de doble acción y seis disparos con recámara para el cartucho .357 Magnum. Tiene un marco de acero al carbono pavonado con un acabado de acero inoxidable satinado.

Smith & Wesson Model 57: el revólver Smith & Wesson Model 57 es un revólver de doble acción y seis disparos con recámara para el cartucho .357 Magnum. Tiene un marco de acero al carbono pavonado con un acabado de acero inoxidable satinado.

El modelo 57 de Smith & Wesson es uno de los revólveres más populares de la historia y goza de popularidad como arma de fuego icónica en la actualidad. El S&W M57 se introdujo originalmente en 1957 y se suspendió en 1995 cuando finalizó la producción de este modelo de arma en particular.

—

Smith & Wesson Model 60 es una pistola semiautomática que se introdujo en el año 1955. Es un revólver Magnum .357 con un cañón de 6 pulgadas.

Smith & Wesson Model 60 es una de las pistolas más populares en Estados Unidos. Ha sido utilizado por muchas personas famosas como John Wayne, John McClane y Tom Selleck. También ha aparecido en muchas películas de Hollywood como "Magnum Force", "The Wild Bunch" y "The Untouchables".

—

La Smith & Wesson Model 64 es una pistola semiautomática que fue diseñada por la compañía Smith & Wesson en 1964. Es un revólver con capacidad para 8 cartuchos y ha sido utilizada en varias películas, entre ellas The Dark Knight Rises.

El Smith & Wesson Model 64 fue diseñado por la compañía Smith & Wesson en 1964. Es un revólver con capacidad para 8 cartuchos, y ha sido utilizado en varias películas, entre ellas The Dark Knight Rises.

—

El revólver Smith & Wesson Model 66 es un revólver de doble acción y seis disparos con recámara para el cartucho .357 Magnum. Se ha producido desde 1964 y todavía está en producción.

Esta guía le proporcionará toda la información que necesita saber sobre esta arma de fuego. Le dará un desglose de sus características, especificaciones y rendimiento, así como los accesorios disponibles para él.

El revólver Smith & Wesson Model 66 es un revólver de doble acción y seis disparos con recámara para el cartucho .357 Magnum. Se ha producido desde 1964 y todavía está en producción. Esta guía le proporcionará toda la información que necesita saber sobre esta arma de fuego. Le dará un desglose de sus características, especificaciones y rendimiento, así como los accesorios disponibles para él.

—

La Smith & Wesson Model 67 es una pistola semiautomática fabricada por Smith & Wesson. Fue introducido en 1967 y descontinuado en 2002.

La pistola popular es conocida por su durabilidad, fiabilidad y precisión. Tiene un área de agarre grande, lo que ayuda a que sea más fácil sujetar el arma mientras se dispara.

Smith & Wesson Model 67 es una de las armas de fuego más populares en Estados Unidos que existe desde 1967. La pistola tiene una impresionante lista de características, como su gran área de agarre, rendimiento confiable y precisión.

—

Smith & Wesson es una empresa que se especializa en la fabricación de armas de fuego. Ha existido por más de 160 años y ha sido conocido como el fabricante líder de pistolas.

Smith & Wesson Model 386 es un revólver que se creó en 2006 con la intención de ser una alternativa más pequeña, liviana y fácil de usar a sus predecesores. El diseño presenta un marco de polímero y un cilindro de aluminio con un cilindro de acero.

El revólver Smith & Wesson Modelo 386 es uno de los revólveres más populares en el mercado hoy en día debido a su asequibilidad, confiabilidad y facilidad de uso.

—

Smith & Wesson Model 625 es una pistola semiautomática con armazón de polímero y corredera de acero. Se introdujo en 2005 y se ha utilizado en las Fuerzas Armadas de los Estados Unidos desde 2006.

La Smith & Wesson Model 625 es una pistola semiautomática con armazón de polímero y corredera de acero. Se introdujo en 2005 y se ha utilizado en las Fuerzas Armadas de los Estados Unidos desde 2006. Esta arma de fuego viene con un seguro ambidiestro, que se puede encontrar en ambos lados del arma. El modelo 625 de Smith & Wesson también viene con un martillo externo que se puede amartillar manualmente tirando hacia atrás de la palanca externa del protector del gatillo ubicada en el lado izquierdo del marco, justo detrás de la empuñadura.

El modelo 625 de Smith & Wesson viene cargado con 15 rondas de munición de 9 mm que se almacenan en una sola columna, una ronda en cada extremo del cargador. El arma de fuego también cuenta con rieles Picatinny para montar accesorios de armas de fuego como luces, láseres u otros equipos tácticos para Uso en situaciones tácticas. La Smith & Wesson Modelo 625 es una pistola de doble acción/acción simple que dispara cartuchos de 9 mm. El arma de fuego tiene una capacidad de 7+1 balas, tiene una longitud total de 8,5 pulgadas, pesa 1,2 libras con un cargador vacío y viene con un acabado de dos tonos en negro y gris que incluye detalles de acero inoxidable en la parte deslizante y delantera del arma. marco para reducir el deslumbramiento y ayudarlo a mantenerse preciso en el objetivo.

—

Smith & Wesson Model 686 es una pistola semiautomática fabricada por Smith & Wesson. Fue introducido en 1986 y descontinuado en 2004.

Smith & Wesson Model 686 es una pistola popular que actualmente utilizan las fuerzas del orden y los civiles por igual. Esta arma de fuego tiene una longitud de cañón extendida de 4 pulgadas, una longitud total de 8 pulgadas, un peso de 38 onzas y una capacidad de 12 rondas.

El modelo 686 de Smith & Wesson fue diseñado para adaptarse perfectamente a los agentes de policía que necesitaban llevar el arma oculta pero necesitaban tener la potencia de fuego necesaria para el combate cuerpo a cuerpo.

—

El revólver Smith & Wesson Safety Hammerless es un revólver con un martillo interno.

El revólver Smith & Wesson Safety Hammerless es un revólver con un martillo interno. El diseño de esta arma de fuego en particular fue patentado en 1887 por el diseñador e ingeniero de armas de fuego estadounidense Horace Smith y el ingeniero inglés Daniel B. Wesson, quien previamente había diseñado la pistola Volcanic, la primera arma de fuego de cartucho autónomo comercialmente exitosa.

El Safety Hammerless fue popular a fines del siglo XIX y principios del XX, ya que se consideraba más confiable que otros revólveres debido a su diseño que evitaba la descarga accidental del arma cuando se caía o se empujaba.

—

Smith & Wesson Triple Lock es un arma de fuego hecha para defensa personal. Tiene un diseño patentado y cuenta con tres puntos de bloqueo independientes para garantizar la seguridad.

Smith & Wesson Triple Lock es un arma ideal para la autodefensa de mujeres, niños y mascotas.

Smith & Wesson Triple Lock cuenta con tres puntos de bloqueo independientes para garantizar la seguridad.

—

El revólver Starr es un arma de fuego que se puede utilizar para la caza, la autodefensa y la recreación. Tiene un gatillo suave, una palanca de liberación de cilindro efectiva y miras fáciles de usar.

Los revólveres Starr están disponibles en .38 Special con un cañón de ocho pulgadas o .357 Magnum con un cañón de seis pulgadas. El .38 Special es perfecto para cazar animales pequeños como conejos o ardillas, mientras que el .357 Magnum es mejor para animales más grandes como ciervos o alces.

Con la creciente popularidad de las armas de fuego en los Estados Unidos, es importante que las personas sepan cómo manejarlas de manera segura. Esta guía brindará información sobre el revólver Starr y su uso adecuado, así como consejos sobre cómo evitar accidentes al manipular armas de fuego.

—

El Sterling Revolver es un arma de fuego que existe desde 1836. Es un revólver de acción simple, lo que significa que el cilindro gira para cargar y descargar las rondas.

El revólver fue diseñado por Samuel Colt en 1836 y originalmente fue utilizado como arma de defensa personal. Sin embargo, se hizo popular para la caza y el tiro al blanco.

—

El Sterling Revolver es una mini pistola suiza. Es un arma de fuego muy popular y ampliamente utilizada. Ha estado en servicio desde la década de 1800 y fue una de las primeras armas producidas por la empresa, que todavía la fabrica en la actualidad.

El Sterling Revolver es una mini pistola suiza que ha estado en servicio desde la década de 1800 y fue una de las primeras armas producidas por la compañía, que aún la fabrica en la actualidad.

—

La mini pistola suiza, también conocida como Taurus Judge, es una pistola que tiene una capacidad de cargador de diez rondas. Es un arma de fuego popular en los Estados Unidos y otros países.

La minipistola suiza es una pistola de fabricación estadounidense. Fue producido por primera vez por Taurus International Manufacturing Inc. en 1989 con la intención de ser una alternativa más económica a sus rivales, como las pistolas de la serie Glock 17 y Smith & Wesson M&P.

El ejército suizo adoptó el arma en 2001 y se hizo popular entre los civiles debido a su asequibilidad y confiabilidad. El ejército suizo todavía lo usa hoy, pero ha sido reemplazado por armas más modernas como los rifles de carabina M4.

—

La Taurus Model 605 es una mini pistola suiza que está hecha de polímero. El modelo tiene una longitud total de 22 pulgadas y la longitud del cañón es de 3,7 pulgadas.

El modelo Taurus 605 fue diseñado para el nuevo ejército suizo, que quería reemplazar los modelos más antiguos de rifles con un diseño más moderno. El rifle tiene un cuerpo de polímero y una culata retráctil que se puede ajustar para adaptarse a las necesidades de diferentes tiradores.

—

Una minipistola suiza es un arma de fuego que se utiliza para disparar animales pequeños. Fue diseñado por Taurus International Manufacturing, Inc. en Brasil y fue creado originalmente para uso del ejército brasileño.

El modelo Taurus 608 utiliza un diseño de retroceso único que le permite disparar a velocidades muy altas con un retroceso mínimo. Tiene una longitud total de poco menos de cinco pies y se puede montar en una plataforma de rifle o escopeta.

La minipistola suiza es popular entre los cazadores, los tiradores competitivos y los agentes del orden público que necesitan acabar con la caza menor sin poner en peligro sus vidas o las vidas de los demás.

—

El modelo Taurus 617 fue la primera mini-pistola que se desarrolló para su uso por parte de las fuerzas del orden.

La empresa suiza Taurus AG ha estado en el negocio de la fabricación de armas de fuego desde 1825. La empresa es conocida por sus armas de fuego y municiones de alta calidad.

Taurus AG tiene un historial de fabricación de armas de fuego que son confiables y precisas. Los productos de la empresa son populares entre los organismos encargados de hacer cumplir la ley de todo el mundo.

—

Taurus Model 731 es una mini pistola suiza que es popular entre los tiradores y coleccionistas. Fue introducido en 1959 y ha sido utilizado por el ejército, la policía y los cazadores suizos.

El modelo Taurus 731 fue diseñado para la caza de animales pequeños y medianos en bosques densos. Tiene un cañón de 20 pulgadas, lo que lo hace ideal para cazar ciervos u otros animales como cerdos o jabalíes. El arma pesa alrededor de 8 libras y el cazador puede transportarla fácilmente debido a su diseño compacto.

Esta pistola tiene una capacidad de cargador de cinco rondas y se puede recargar rápidamente con la ayuda de una varilla eyectora ubicada en la parte delantera de la culata.

—

La Taurus Model 82 es una mini pistola fabricada en Suiza que es perfecta para la caza menor. Es liviano y compacto, por lo que es fácil de transportar en la naturaleza. El arma cuenta con un sitio trasero ajustable y viene con un cargador de 6 rondas.

La Taurus Model 82 es una mini pistola fabricada en Suiza que es perfecta para la caza menor. Es liviano y compacto, por lo que es fácil de transportar en la naturaleza. El arma cuenta con un sitio trasero ajustable y viene con un cargador de 6 rondas.

—

Taurus Model 85 es una mini pistola suiza que está diseñada para ser pequeña y fácil de usar. Viene con una serie de características que la hacen destacar de otras armas en el mercado.

La Taurus Model 85 es una mini pistola de fabricación suiza diseñada tanto para cazadores como para agentes del orden. Tiene una longitud total de solo 11 pulgadas, lo que lo hace lo suficientemente pequeño como para caber en su bolsillo.

Esta pistola también es muy liviana, ya que pesa solo 5 libras, por lo que no tendrá problemas para transportarla. Esta pistola también viene con una serie de características que la hacen destacar de otras armas en el mercado.

—

El Swiss Tranter es un revólver que fue utilizado por la Guardia Suiza que se hizo popular en el siglo XIX. Es un excelente ejemplo de cómo las armas de un país pueden ser muy diferentes entre sí.

La Swiss Tranter, también conocida como la "minipistola suiza", fue un revólver utilizado por la Guardia Suiza que se hizo popular en el siglo XIX. El Tranter fue un excelente ejemplo de cómo las armas de un país pueden ser muy diferentes entre sí.

—

La minipistola suiza es un arma de fuego que fue diseñada a fines del siglo XIX por un inventor suizo. Fue desarrollado como una versión más pequeña del popular revólver udar, que fue diseñado originalmente para el ejército suizo.

La minipistola suiza puede disparar hasta ocho tiros por minuto con su acción de cartucho y se puede ocultar fácilmente. Utiliza una pequeña cantidad de munición, pero tiene un precio igualmente pequeño.

—

La minipistola suiza, o Union Automatic Revolver, es un arma de fuego que se fabricó en el siglo XIX. Es una de las armas más pequeñas jamás fabricadas y fue utilizada por el ejército suizo.

El revólver automático Union es un arma de pequeño calibre que fue popular a finales del siglo XIX. El arma se ha reproducido como una réplica y también se puede ver como un artículo de colección antiguo en los museos.

La minipistola suiza se puede encontrar en muchos lugares diferentes de Suiza y todavía la utilizan coleccionistas, militares y organismos encargados de hacer cumplir la ley.

—

El revólver British Bull Dog es una mini pistola suiza, que fue diseñada y patentada por el famoso fabricante de armas suizo Louis Nicolas Vauquelin en 1790.

El revólver British Bull Dog fue utilizado como arma de mano por el ejército británico durante las guerras napoleónicas. El revólver británico Bull Dog también fue utilizado por algunos barcos de la Marina de los EE. UU. durante la Guerra Civil estadounidense.

Esta pequeña pistola también se ha utilizado en muchas películas y programas de televisión.

—

La Webley RIC era una pistola revólver británica de 7,65 mm desarrollada a finales del siglo XIX. Fue una mejora del Webley Mk IV, que se introdujo en 1887.

El Webley RIC fue fabricado por James Henry Webley y William George Ross de la Royal Small Arms Factory, Enfield, Inglaterra y patentado por ellos el 3 de enero de 1900. El diseño del arma es similar al del revólver Colt M1878 pero con un Cilindro más corto y marco de agarre más corto.

El Mini Gun del ejército suizo es una versión reducida de su rifle de infantería estándar que ha sido modificado para su uso con armas de aire comprimido y también ha estado en servicio en otros países como Finlandia, Suecia y Canadá.

—

El revólver Webley-Fosbery fue una pistola británica diseñada por la División de Revolver de la Royal Small Arms Factory en Enfield. El revólver se fabricó en calibre .455 Webley con un cilindro de 6 rondas y tenía una recámara para bolas redondas de pólvora negra.

La minipistola suiza es una réplica suiza del revólver Webley-Fosbery. También se conoce como el "arma del ejército suizo". El diseño original de esta pistola fue realizado en 1894 por Rudolf Schmidt, un ingeniero que tenía cierta experiencia con armas de fuego y diseño de armas.

—

La minipistola suiza es un arma de fuego en miniatura de bolsillo que fue utilizada por el ejército británico en la Primera Guerra Mundial.

La mini pistola suiza fue diseñada por Webley-Fosbery Automatic Revolver Company para ser un arma más pequeña, liviana y portátil que el revólver Webley estándar.

Esta arma fue diseñada para ser utilizada por oficiales de todos los rangos en el ejército y la armada británicos. La pistola tenía un alcance efectivo de unos 50 metros y podía disparar tres tiros antes de recargar.

—

Esta minipistola suiza es una réplica del popular revólver automático Zulaica de la década de 1880. Es un diseño innovador que combina las mejores características de revólveres y pistolas, haciéndolo ideal para defensa personal o caza.

El Revólver Automático Zulaica fue patentado en 1881 por Louis Heyer y producido por la empresa "Heyer & Klauser". El revólver fue diseñado para ser lo suficientemente pequeño para transportarlo con facilidad, pero lo suficientemente poderoso para defenderse de cualquier amenaza.

https://www.amazon.com/author/sandramaria1975
SandraMariaAlvarez1975@gmail.com

Youtube
SandraMaria1975

https://www.amazon.es/dp/B0BCJFYHWC

1 Hombres de honor

---

https://www.amazon.es/dp/B0BC4CPD3Y

2 Un día en el tercio

----

https://www.amazon.es/dp/B0BC2HBFP
D

3 Cuentos del infierno Vol 2

https://www.amazon.es/dp/B0BC1Z92Y8

4 Autohipnosis

https://www.amazon.es/dp/B0BBNHDS
CZ

5 Cuentos del infierno Vol 1

----

https://www.amazon.es/dp/B0BBNHDS
CZ

6 Canibal

https://www.amazon.es/dp/B0B9LG96Q
T

7 Yo soy Transexual

----

https://www.amazon.es/dp/B0B9LMPXQW

8 Manual del buen soldado

----

https://www.amazon.es/dp/B0B9N93ZD
N

9 Navegante cero

https://www.amazon.es/dp/B0B9P1P8MG

10 Matar al rojo

https://www.amazon.es/dp/B09SGCHQYL

11 Ignorados

---

https://www.amazon.es/dp/B09V6GDBD
L

12 El pozo de los demonios

----

https://www.amazon.es/dp/B0B37WPD8M

13 Mi gran señor Satanás

----

https://www.amazon.es/dp/B0B37WPD8M

14 Malvado

----

https://www.amazon.es/dp/B09SFH1L9H

15 A la caza del Fénix

----

https://www.amazon.es/dp/B09NW598C3

16 En nombre del ser oscuro

----

https://www.amazon.es/dp/B09SBWG28
B

17 Taku, el dragón japonés

https://www.amazon.es/dp/B0BC7QH
W7H

18 La gran bombarda

---

https://www.amazon.es/dp/B0BCKQ71
PP

19 Karim El grande

https://www.amazon.es/dp/B0BCSXC5
WD

20 Asalto a la fortaleza, reales tercios

----

https://www.amazon.es/dp/B0BCX59P
G3

21 El viajero, en busca del Dorado

----

https://www.amazon.es/dp/B0BFLNF5
BC/ref=cm_sw_s_fa_dp_5H8MQ7HNZ6
FT8H1T5ZZH#_=_

22 Los diez Niveles

---

https://www.amazon.es/dp/B0BFM63Q
H8

23 34 Lenok 11

---

https://www.amazon.es/dp/B0BFNN82X8

24 Mi lucha contra el Cáncer

---

https://www.amazon.es/dp/B0BGJS7T1M

25 Mundo Zombi primera parte

26 Imperio Bizantino primera parte

https://www.amazon.es/dp/B0BJDDDFM1

27 Mundo Zombi Parte 2

https://www.amazon.es/dp/B0BL42HV7Y

28 El poder de Satanás

29 René Quinton y el agua de mar

30 Como vivir bien contigo misma

https://www.amazon.es/dp/B0BM3WT724

31 Breve guía y estudio sobre la Biblia y Evangelios

https://www.amazon.es/dp/B0BM3WT724

32 Guía de las plantas para casa

33 Guia de los dinosaurios

https://www.amazon.es/dp/B0BMNG
W87Y

34 recopilación de los Tercios